古传秘技峨眉拳

董如军 著

人民体育出版社

图书在版编目（CIP）数据

古传秘技峨眉拳 / 董如军著. -- 北京：人民体育出版社，2020（2022.9重印）
ISBN 978-7-5009-5775-1

Ⅰ.①古… Ⅱ.①董… Ⅲ.①拳术—基本知识—中国 Ⅳ.①G852.19

中国版本图书馆CIP数据核字(2020)第052418号

*

人民体育出版社出版发行
国铁印务有限公司印刷
新 华 书 店 经 销

*

880×1230　32开本　10.625印张　251千字
2020年11月第1版　2022年9月第2次印刷
印数：2,001—3,500册

*

ISBN 978-7-5009-5775-1
定价：39.00元

社址：北京市东城区体育馆路8号（天坛公园东门）
电话：67151482（发行部）　　　邮编：100061
传真：67151483　　　　　　　　邮购：67118491
网址：www.psphpress.com
（购买本社图书，如遇有缺损页可与邮购部联系）

前 言

习武历来都是为了用：用以保家卫国，用以防身御辱。本书拳法就是这样一种非常实用的武术，它出自峨眉拳。

相传本门祖师原为一道姑，后入佛门，是为道门修炼，佛门正果。拳谱记载："师善击技，喜研各家拳法。虑各家拳法繁杂，莫衷一是，女子御辱，另有不同，遂探各家之拳意，另辟蹊径，创不接手之拳法，独树一帜。"此拳"手如三春杨柳，步如风摆荷叶，出手似闪电，发力如雷霆"，多用于女子防身，制敌残忍。

1991年，笔者著作《峨眉拳实战秘技》由北京体育大学出版社出版，其后有数以千计的读者来信，表达了深入学习此拳的愿望。1994年此书入选《民间武功宝典》丛书，连续印刷数次。

2011年本书主体部分列入国家体育总局武术研究院课题《非物质文化遗产保护视野下的峨眉拳传承研究》，批准号为WSH2011D032。经过二十多年的公安院校警用格斗与传统武术实战教学训练研究和实践，遂将本门珍秘的内修功法补入书中，使内容更为全面，反映民间武术为国家安全武为警用的本质。2019年3月，得到喜讯，本书由人民体育出版社批准为出版项目。

此次出版，增补了峨眉拳入门功夫、四路峨眉拳、绝技峨眉刺、实战峨眉剑和内修壮体的峨眉养生功几部分，更有本门单人练习、双人训练和用法绝技。可循序渐进，逐步深入学习。基础打好了，应用起来才能随心所欲、出神入化，也就拥有了绝技。

功夫是练出来的。任何好的功法，摆在那里只是虚名，只有练到自己身上，才堪大用。而练功是有门径的，走对了可事半功倍，走错了将难以进步。本书的技术动作由作者演练、广州市公安局曾令旺警官协助，非常感谢王立泉先生为本书做拍摄工作。

武术已走向世界，民间武术应跟上潮流，走向更广阔的天地。笔者愿以本书的出版，为武术繁荣贡献一份力量。

董如军

2019年4月

目 录

第一章　峨眉拳概述…………………………………（1）

 第一节　峨眉拳的历史沿革………………………（1）

 第二节　峨眉拳的基本技法………………………（2）

  一、对人体静型技法的要求………………………（2）

  二、对人体动态技法的要求………………………（4）

  三、对整体运动技法的要求………………………（4）

  四、对攻防技法的要求……………………………（5）

第二章　峨眉拳入门功夫……………………………（7）

 第一节　单人练习…………………………………（7）

  一、预备势…………………………………………（7）

  二、拳法……………………………………………（9）

  三、步法……………………………………………（12）

  四、综合……………………………………………（28）

第二节　双人练习……………………………（38）

　　　　一、单操手………………………………（38）

　　　　二、双操手………………………………（46）

　　　　三、移动双操手…………………………（49）

　　第三节　用法…………………………………（53）

　　　　一、盖打用法……………………………（53）

　　　　二、闪打用法……………………………（55）

　　　　三、玉女抽身用法………………………（57）

第三章　二路峨眉拳……………………………（60）

　　第一节　二路峨眉拳拳谱歌诀………………（60）

　　第二节　二路峨眉拳路线图…………………（61）

　　第三节　基本形态……………………………（62）

　　第四节　二路峨眉拳技术图解………………（68）

第四章　四路峨眉拳……………………………（130）

　　第一节　四路峨眉拳拳谱歌诀………………（130）

　　第二节　四路峨眉拳路线图…………………（131）

　　第三节　四路峨眉拳技术图解………………（132）

目 录

第五章 峨眉刺 （193）

第一节 峨眉刺谱歌诀 （193）

第二节 峨眉刺简介 （194）

第三节 峨眉刺路线图 （198）

第四节 峨眉刺技术图解 （199）

第六章 峨眉剑 （236）

第一节 峨眉剑剑谱歌诀 （237）

第二节 峨眉剑的基本用法 （237）

第三节 峨眉剑路线图 （244）

第四节 峨眉剑技术图解 （245）

第七章 峨眉养生长寿功 （288）

第一节 峨眉养生长寿功功谱 （288）

第二节 峨眉养生长寿功功法 （289）

附：晋升武衔制度 （323）

第一章 峨眉拳概述

第一节 峨眉拳的历史沿革

峨眉拳，古时亦称"娥眉拳""蛾眉拳""玉女拳"。"峨眉"与"娥眉""蛾眉"同义、同音。"娥眉"二字，一直是用以形容女子的美丽容貌，后弟子至峨眉山，偶谐其音，故称"峨眉拳"。由于历史的原因，峨眉拳历代传授有"拳随人走"的特点。据传，明朝少林一尼姑，到南海普陀山，创"玉女拳法"，经武当山，后弟子至峨眉山，在民间秘传。

董如军，籍贯山东，出生于河南。自幼习大红拳、查拳、太极拳、形意等武术。在河南大学读书时（1979年春），偶遇峨眉拳传人孟宪超。孟宪超，籍贯河南巩义，1958年在四川重庆市十三中读书时得吴先绪先生真传，后以传授峨眉拳为业，促进了峨眉拳在河南的传承。吴先绪，重庆北培人，习六合拳、八卦拳、峨眉桩功、苏家拳、岳家拳、峨眉拳、排打功、少林禅等，一生爱武，擅长技击。民国二十九年，吴先绪得南北西大侠少林六合、峨眉枪法、武当剑法等传授，得蒋某传药功、十二功气运穴道等。

1991年8月，董如军编著《古传实战秘技——峨眉拳述真》（北京体育大学出版社出版）一书。1993年，随人才引进，其将峨眉拳带入广州，把峨眉拳与警营结合，故同仁称赞为"警用峨眉拳"。2009年，著写《警用格斗技法》（人民体育出版社出版），为峨眉拳的普及与发展，突出武为警用，起到了积极的作用。在部队、武警、海关、公安教授出的优秀弟子有数千名，他们不仅在世界、全国、省传统武术锦标赛上荣获集体和个人金、银牌数百枚，而且在各自的岗位上为保卫祖国的安全、为民除害发挥着重要的作用。

中国广州一带，一直传承着峨眉拳。孟宪超传授的多位弟子都为峨眉拳的普及发展作出了积极的努力和贡献。

1988年，《武林》杂志社在河南开封举办了全国峨眉拳培训班，邀请孟宪超、卢绍敬、董如军3人担任教练。一千多位学子经过短期培训后，将峨眉拳传往祖国各地。

第二节　峨眉拳的基本技法

一、对人体静型技法的要求

峨眉拳，强调四梢相牵，头顶百会，脚到涌泉，手梢向前。要求做到"混元一气，内外合一"。

1. 手

五指自然散开成散掌，左臂向前伸直；右臂下垂，肘部稍弯，右掌五指散开，指尖向下，置于裆部。

2. 肘

自然松沉，不能僵硬。

3. 头

向上拔，虚灵顶劲，头顶百会穴。

4. 脚

双脚开立，意到涌泉穴。

5. 眼

目视左掌，视线经过前掌心瞄准前方。

6. 身

以侧身对敌。

7. 胸

挺胸，呼吸自然。

8. 腰

直腰，收臀。

9. 腿

双腿直立。

二、对人体动态技法的要求

峨眉拳对人体动态技法的要求为"高姿侧身"、稳中有快、弹拳直线、身轻步灵、以意行气。

1. 高姿侧身

侧身对敌，可以大大减少暴露的面积，而且可以更好地保护身体的要害部位。

2. 弹拳直线

手臂向前伸，是为了充分利用手臂的长度，利用一臂之长的距离进行闪让或击打。

3. 稳中有快

在运动中，自身是一个整体，保持重心的平行移动，在稳重平衡的基础上强调动作的速度。

4. 以意行气

用意识来控制身体的移动、呼吸、发力，以气带动动作，即"以意催气，以气催力"，内外合一，身轻步灵。

三、对整体运动技法的要求

峨眉拳要求"形整、意整、力整"的三整。形整即动作要标准，意整即大脑支配动作，力整即发力瞬间集中于一点。峨眉拳练习内外整体的技法，主要有跟步、操手。

1. 跟步

是以一面花为基本步型，在快速前进中能定步，在定步的情况下能后退。单人练习熟练后，在保持速度不变的情况下可双人攻防对练。通过这种练习，逐步达到"形整、意整、力整"的三整要求。

2. 操手

是与对方进行揉手的活步练习或随意招法训练。在动态的对抗练习中不断地提高人体大脑条件反射的能力后，再练习"不接手"活步随意组合打法，同时提高"形整、意整、力整"运动中内外合一的技能。

四、对攻防技法的要求

峨眉拳攻防技法要求"高姿侧身，步法轻盈，出手闪电，刚柔相济"。遇敌交手，未知敌技艺如何，断不可贸然而攻，技击战术讲究诱敌深入，把握时机，后发先制。

1. 侧身对敌

尽量减少被敌攻击的面积，做到"手在何处便在何处击人"，这样时间短，可形成高速度攻击。

2. 拳不接手

峨眉拳的实战技术，达到以冷、长、快、巧、轻制敌。冷，即是出其不意，攻其不备，使对方防不胜防；长，做动作要伸展到自身最大限度，尽量拉长肌肉；快，就是速度快；巧，就是动作巧妙，上下肢动作配合协调、自然；轻，就是身法、步法犹如天空之云，身轻如燕。

3. 以弹为主

弹拳能够做出最直接、简单有效的动作，关键是出拳收拳快、变化快；出腿如同弹拳，速度快、力量大，亦和拳法协调配合。

4. 近打快摔

峨眉拳在近打中，待对方深入时，手法刁带对方前手，顺势贴近，用腿法对其下肢加力主动粘贴，分解对方身体的力点。

第二章 峨眉拳入门功夫

第一节 单人练习

一、预备势

预备势又叫陈势。陈势是峨眉拳攻守的一大法则，是本门功夫的重要技法和内功功法，其奥妙无穷。

动作是两脚开立，稍微比肩宽，全身放松，自然站立，以侧身对敌；左臂向前伸直，五指自然散开成散掌，右臂下垂，肘部稍弯曲，右掌五指散开，指尖向下，置于裆部；目视左掌，视线经过前掌心瞄准敌人头部，观其动静。（图2-1、图2-2）

图2-1　　　　　　　图2-2

【动作要求】全身放松,头向上拔,微微昂起,面容神态自然、自信。身体挺直,忌含胸驼背。脚下沉,但忌僵硬绷紧。肩部要放松,不能耸肩,前掌要伸直,达到手臂最大长度,手指自然散开,气从指间散出。右手肘稍弯曲,肘向后坠。眼神淡然目视前方,无需瞪眼怒视。用鼻慢慢吸气,气聚丹田,气行全身,再由口徐徐呼出,全身动作形成一个整体,即混元之气。

【技击含义】手臂向前伸,是为了充分利用手臂的长度给敌人设障碍,利于攻防。敌人在进攻的时候必须要避过我前手,如敌不避过我的前手或不破我前手,就难以攻击到我的身体。同时,我手在前,也可以破敌进攻,利用一臂之长的距离进行闪躲或退让,或者利用前手破敌进攻,迷惑敌人,利用闪打等进攻对方要害之处。右手可以护住裆部,且可以在前手迷惑对方之后对敌进行致命一击。侧身对敌,可以大大减少暴露在敌前的面积,加大敌人攻击我的难度,而且可以更好地保护身体的要害部位(如面部、喉部、胸部等部位)不被击中。头自然顶立,眼神淡然,面容自然,心态自信,是为了在形式上藐视对方,在气势上震慑对方。总之,陈势就是让自己处于攻守皆利的状态,正所谓"出手一势站方圆,变化无穷任周旋"。

二、拳法

（一）弹拳

弹拳分为左弹拳和右弹拳。

1. 左弹拳

在练习左弹拳的时候，先站好预备势，左手在前。站好预备势以后前手散掌变握成凤眼拳，左手松肩沉肘，肘部自然收到腰、腹部间，右手和脚步动作不变，眼注视着左前方。然后左手向前弹出，弹出到手臂的最大长度，拳达到最远点后自然惯性收回，肘部沉于腰间，准备下一次出拳。（图2-3、图2-4）

图2-3

图2-4

【动作要求】开始练习时，一定要按照预备势站好，在左手变掌为拳时手臂不能僵硬，肌肉不能绷紧。在初期练习时，可以慢慢地出拳练习，慢慢出拳找感觉，先体会，先练意念。虽然开始时不要求快和不要求发力，但是拳路要尽可能地打成一条直线，并且手臂每次都要伸长到最大长度。同时，出拳时要注意手臂往前伸弹出，看准前方的目标，在无人似有人、有人似无人的瞬间进行弹拳练习。训练时可以每次练5组，一组10次。

经过一段时间的练习，对左弹拳有一定的熟悉和体会后，就可以开始练习左弹拳快速出拳，练习发力。（图2-5、图2-6）

图2-5

图2-6

【练习方法】每一次出拳都把自己的手想象成是一条被压缩的极限弹簧，把收回腰间的手像压紧的弹簧一样瞬间弹出去。练习时，要把自己的假想敌放在距离长于手臂的地方，这样才能每次练习时都有把手臂伸得更长、更远的意念。并且要把假想敌想象成是瞬间消失的敌人，在要练习中做到意到、拳到，拳随意走，意拳合一。练习时，也可以把随风飘动的树叶作为目标，每次看准目标出拳，要快，狠，准。力求每次出拳都能打中树叶并把树叶击破，即可练习出爆发力。

2. 右弹拳

练习右弹拳和练习左弹拳是相同的道理和方法。但是在练习右弹拳时，站好预备势后是右手在前，侧身对敌；目视前方。（图2-7~图2-10）

图2-7

图2-8

图2-9

图2-10

【动作要求】刚开始练习右弹拳时，动作要求和练习左弹拳的动作要求是相同的，可以根据左弹拳的动作要求练习，这里就不再重复。

【技击含义】弹拳可以分为上中下三路打法，上可打头部，头部多打额头、鼻梁等部位。中打颈部，出拳狠可以打断喉骨，一拳置敌人于死地。下可打胸、腹部，打胸、腹部时可以利用凤眼拳的穿透力在敌人心窝位置（华盖穴处）给敌人致命一击。但是运用弹拳时应根据自己的高度去选择击打敌人的部位，尽可能地让拳是平着一条直线出去。因为根据力学原理，无论拳是向上还是向下打，都会分去一定的力，而平打的时候分的力较少，击打到敌人身上的力就会更大。并且平着一条直线可以使拳的攻击距离达至最长，可以击打更远的目标。弹拳是练习峨眉拳的基础，是入门的重点技法。后面练习到的攻击技法当中，很多是与弹拳相结合的，例如后面将学到的闪打、一面花等招式。也可以说，只有真正学会了弹拳，才能进一步去学习更高层次的峨眉拳法。

三、步法

（一）跟步

跟步分为左跟步和右跟步。

1. 左跟步

（1）身体稍侧，两脚前后开立，两脚膝部微微弯曲，左脚在前，成高弓马步势；双手自然下垂于身体两侧；目视前方。（图2-11、图2-11附图）

图2-11　　　　　　　　图2-11附图

（2）左脚抬起向前插，以脚跟着地生根，同时右脚自然跟上，由脚跟到前脚掌依次落地；上身和手部动作不变。（图2-12、图2-13）

图2-12　　　　　　　　图2-13

【动作要求】上身不能太正，亦不能太侧。身体站立过正，暴露的面积太大；过侧，向前跟步不稳。两脚前后分开，距离要适中，膝部弯曲，身体重心下压。左脚抬起向前时，全身重量应落在前脚跟上，落地时形成前插状，并以前脚跟触地。后脚自然跟上，以右脚前脚掌着地。忌后脚拖地，忌跳步，保持身体重心的平稳，后脚跟上后，应与前脚保持适当距离，否则跟步上前后会站立不稳或发挥不出效率。整个动作都应目视前方，忌俯视。

2. 右跟步

（1）身体稍侧，两脚前后开立，两脚膝部微微弯曲，右脚在前，左脚在后；双手自然下垂在身体两侧；目视前方。（图2-14）

图2-14

（2）右脚抬起向前插，以脚跟着地生根，同时左脚自然跟上，以前脚掌落地；上身和手部动作不变。动作完成后，脚步动作似弓马步状，可保持四平八稳。（图2-15、图2-16）

图2-15

图2-16

【动作要求】右跟步与左跟步的动作要领相同，上身不能太正或太侧。身体站立过正，暴露的面积太大；太侧，向前跟步不稳。两脚前后分开，距离要适中，膝部弯曲，身体重心下压。右脚抬起向前时，全身重量应落在前脚跟上，落地时形成前插状，并以前脚跟触地。后脚自然跟上，以左脚前脚掌落地。忌后脚拖地，忌跳步。后脚跟上后，应与前脚保持适当距离，否则跟步上前后会站立不稳或发挥不出效率。整个动作都应目视前方，动作要连贯、协调。

【技击含义】跟步向前，可以利用跟步前插，把全身的重量都集中在前脚脚跟上，闪电式向前推进，从而借助身体重量和向前推进的速度产生巨大冲力。如果和手部动作结合起来，可以产生巨大威力。

（二）让步

让步分为小让步和大让步。

1. 小让步

站好预备势。身体重心往后，右脚向后撤半步，左脚跟着向后自然移动，随即身体重心稍稍下压，后脚膝部稍微弯曲，后脚成为支撑脚，左脚前脚勾起，以脚跟接地；同时左手掌内旋翻转，手指向前，手心向下，右手抬起至左臂腋下旁，手指向前，手心向下，双手肘部稍弯曲，成蓄势状；目光通过左手指尖视前方。（图2-17、图2-18）

图2-17

图2-18

【动作要求】向后让步，动作要自然轻飘，上下肢协调配合，手脚如弹簧一样一崩即发，蓄力点向前，力贯指尖，放松自然，浑然一体。

2. 大让步

大让步也可以叫作飘步。练习时，站好预备势。身体向后大步移动，同时重心向后移，左脚经右脚后侧向后套步，右脚经左脚前向后撤一大步；右手向前抬起，然后两掌随步法后移并自然下按，下按掌随身体重心的上升前伸、下点对方的腿部，后左掌散开前伸，手心向里，右掌散开自然置于裆部；目视前方，成陈势。（图2-19、图2-20）

图2-19　　　　　　图2-20

【动作要求】大让步时，以鼻徐徐深吸气下沉至丹田。按掌时，气走全身后从口中细、匀、长呼出。头向上领，身轻飘飘，浑然一体。

【技击含义】让步是防中含攻的高级步法，在练习中可以让一步或二步、三步。拳谱曰："能让能随是高手，如胶似膝紧相连。"在防守当中随时可以攻击对方。让即是让开敌方的锋芒，避其锐气，在动中寻找时机制敌。

（三）套让

套让，分两步完成。

（1）第一步：站好预备势。头向上领，上拔躯体，身体后移，稍右转，左脚蹬地，经右脚跟向后撤步，两脚屈膝成交叉步；同时左掌变单指掌向下沉，掌心向里，掌指向下，右指掌向上置于左肩，掌心向外，掌指向上；目视左前方。（图2-21、图2-22）

图2-21

图2-22

（2）第二步：身体向后上方移，左脚伸直，右脚蹬地，经左脚向内侧往后撤步，成站立势；左指掌变散掌向前伸，右指掌变散掌置于裆部；目视左掌，成陈势。（图2-23、图2-24）

图2-23　　　　　　图2-24

【动作要求】要求全身上下协调配合，手脚不能僵硬。分清脚蹬地的顺序，在成交叉步、向后移步时注意脚步配合，保持中心的平稳，不能把自己绊倒。手可以变单指掌，亦可不变，眼始终要目视前方。动作完成后变回陈势。

【技击含义】套步向后移，可避开敌方攻击。前手向下，可以格挡开敌方的进攻。右手置于肩部，可护住肩部、头部，同时可以随时格挡敌人的第二次进攻，可防可攻。还原回陈势，可让自己处于高姿，立于攻防有利之势。

（四）闪步

闪步分为左手在前的闪步和右手在前的闪步。

1. 左前手闪步

左前手闪步可向左闪和向右闪。

左前手左闪步：

（1）两脚开立，略宽于肩，自然站立，侧身对敌；双手自

然下垂于身体两侧；目视左前方。（图2-25）

（2）身体重心向左移，左脚蹬地，迅速向左后方移一小步，右脚脚尖勾起，自然向左拖移小半步成45°方向，与原动作呈三角形，重心位于左脚，左脚膝稍弯曲；目视左前方。（图2-26）

图2-25

图2-26

左前手右闪步：

（1）两脚开立，略宽于肩，自然站立，侧身对敌；双手自然下垂于身体两侧；目视左前方。（图2-25）

（2）身体重心向右移，左脚蹬地，迅速向右前方迈进一小步，右脚脚跟踮起，自然向右拖行一小半步成45°方向，双脚膝部稍弯曲，左脚为重心脚；手部动作不变；目视左前方。（图2-27）

图2-27

2. 右前手闪步

右前手闪步亦可向左闪和向右闪。

右前手左闪步：

（1）两脚开立，略宽于肩，自然站立，侧身对敌；双手自然下垂于身体两侧；目视右前方。（图2-28）

（2）身体重心向右移，右脚蹬地，迅速向右后方移一小步，左脚脚跟离起，自然向左拖移小半步，重心位于右脚，双腿膝部弯曲；目视右前方。（图2-29）

图2-28

图2-29

右前手右闪步：

（1）两脚开立，略宽于肩，自然站立，侧身对敌；双手自然下垂于身体两侧；目视右前方。

（2）身体重心向右后移，右脚蹬地，迅速向右后方退一小步，左脚脚尖勾起，自然向右滑拖行一小半步，右脚膝部稍弯曲，右脚为重心脚；手部动作不变；目视右前方。

右前手与左前手动作练习相反。

【动作要求】向左向右退步或进步时，45°的角度为最佳角度。无论左闪还是右闪，动作都要迅速灵活，视线始终不离开敌方。重心脚膝部稍弯曲，具备弹性，可以迅速回复原态或转换动作。

【技击含义】闪步可以快速闪开敌人的攻击，同时找寻空当攻击敌人，即可防可攻，后发制人。闪步亦可闪开敌人进攻，对付凶猛之敌亦可随后飘走，让敌人无从接近，扰乱其进攻节奏。也可与弹拳等招式结合，给敌人迅雷不及掩耳的致命一击。

（五）飘步

（1）站好预备势。右手抬起到左臂肘处，指尖向前，同时左手手掌翻转，手心向下，双手肘部均弯曲。（图2-30）

（2）头向上拔，身体重心向后移，左前脚脚尖蹬地，经右脚后侧滑过，向后撤步。（图2-31）。

图2-30

图2-31

（3）左脚脚尖着地，双脚成交叉步，双膝微屈；同时双手自然向下按掌，划弧向里收于腰间；右脚脚尖用力蹬地，经过左脚前侧向后滑出一大步，双腿伸直；左手向下、向里、往上划弧，同时向前伸展，右手向上划弧后微向前伸，置于左手肘部稍后的部位。（图2-32、图2-33）

（4）双脚自然开立，头向上领；左手掌向左翻转成散掌，手心向右，右手自然置于裆部，成散掌，手心向内，指尖向下；成陈势。（图2-34）

图2-32

图2-33

图2-34

【动作要求】头向上拔，上下协调，动作自然。向后滑步时，以鼻徐徐吸气至丹田，按掌时，气从口中细、匀、长呼出，头向上领，气向下沉。身体的移动是"一动无一不动"，身体浑然一体，像一朵云悠然向后随风而飘。

【技击含义】飘步向后可躲开敌人攻击，掌向下按可化解敌方攻势。如敌人向我踢腿，我可利用飘步向下按掌，用掌把敌方之腿按下，将其攻击之力卸掉，同时借助攻来的力向后飘走，让敌人扑空。此飘步如身轻似燕，四方飘动，如神仙一般自由潇洒。

（六）十字步

十字步，可向前、向后、能左、能右地移动，实战中多用高姿，亦称月花移影。意思是我是对方的影子，对方打自己的影子是打不到的。由于步法动作优雅，故称"玉女挪莲"。

（1）站好预备势。身体向左前方移，左脚向左前方45°滑步，左脚膝部稍弯曲，右脚跟离地，成左弓跟步；双掌翻转，右掌置于左前手肘部，均成单指掌，掌心向下，双掌向左前方划弧按掌；目视前方。（图2-35）

（2）右脚收回，向右前方45°划弧滑出，左脚跟离地，右脚膝部稍弯曲，成右弓跟步；同时双掌向右前方

图2-35

按掌；目视左前方。(图2-36)

(3) 左脚收回，向左前方45°划弧滑出，左脚伸直，右脚脚跟踮起；同时左掌向前伸直，右指掌位于腋部；身体重心上移，成高态势。(图2-37)

(4) 左脚脚尖用力蹬地；双手指掌变回散掌，并向下压按手掌；以飘步向后退。(图2-38、图2-39)

图2-36　　　　　　　图2-37

图2-38　　　　　　　图2-39

【动作要求】身体重心不能太低,脚不能过于弯曲。向前滑步、移身、摆掌动作一致,协调自然柔和。做到头要上领,意到四梢,"手如三春杨柳,步如风摆荷叶"。

【技击含义】十字步的指掌始终对敌,掌随身法摆动用来迷惑对方,随即变换反击的姿势,来破敌之进攻。步法与手法、腿法综合运用。十字步左右前进,心无定意,行无定踪,似守非守,似攻非攻,视则有之,动则走之,击则空之,攻则无之,让敌捉摸不定,无法进攻。

(七)撤步

撤步,撤步可向后撤步、向左撤步、向右撤步。

1. 后撤步

自然站立,成陈势,身体往后往右转动,同时左脚随身体右转后撤,身体往前探;目视前方。(图2-40、图2-41)

图2-40

图2-41

2. 左撤步

（1）两脚开立，略宽于肩，自然站立；双手自然下垂于身体两侧，侧身对敌，左脚在前；目视左前方。（图2-42）

（2）左脚用力蹬地，以右脚为支撑脚，左脚向左后方划弧退步，相当于以右脚为端点向左旋转180°，成右脚在前，左脚在后；目视右前方。（图2-43）

图2-42

图2-43

3. 右撤步

两脚开立，略宽于肩，自然站立；双手自然下垂于身体两侧，侧身对敌，右脚在前，目视右前方。右脚用力蹬地，以左脚为支撑脚，右脚向右后方划弧退步，相当于以左脚为端点向右旋转180°，成左脚在前，脚右在后；目视右前方（右撤步动作与左撤步动作相反）。

【要求与技击含义】撤步时头要上领，脚要下拔，不用膝力，充分利用前脚蹬地产生的力和腰力，这样才能快速轻灵。

撤步可快速闪开对方的攻击，同时可以配合弹拳阻击对方，所谓"出手即让，未收即随"，让开对方攻来的位置反击对方。

四、综合

（一）跟步弹拳

1. 左跟步弹拳

（1）两脚开立，略宽于肩，自然站立；左手在前，右手护裆；目视左前方。（图2-44）

（2）右脚为支撑脚，左脚抬起向前插，以左脚跟着地生根，右脚自然跟上，以前脚掌落地；同时左手握成凤眼拳，向前弹出。（图2-45）

图2-44

图2-45

（3）双脚膝部稍弯曲；弹拳弹出后自然收回于腰间，右手护裆；目视左前方，准备下一次动作。（图2-46、图2-47）

图2-46　　　　　　图2-47

2. 右跟步弹拳

两脚开立，略宽于肩，自然站立；右手在前，左手护裆；目视右前方。左脚为支撑脚，右脚抬起向前插，以脚跟着地生根，左脚自然跟上，以前脚掌落地；同时右手握成凤眼拳，向前弹出。（图2-48~图2-52）

图2-48　　　　　　图2-49

图2-50

图2-51　　　　　　　图2-52

【动作要求】要把全身的重量都落在前脚跟上，落地时要形成前插状，让脚跟着地时的反弹力、后脚跟进的惯性力都从前臂上打出，把落点、跟点、击点合在一点上，形成一种强大的动能冲击力量。这里的拳必须是弹性出手才能赶上这瞬间的一点。不能早不能晚，同时完成动作。双腿膝部稍弯曲，弹拳弹出后自然收回于腰间，左手护裆，目视右前方，准备下一次动作。

【技击含义】突然间集全身之力于一拳，以"排山倒海之势，雷霆万钧之力"击打敌方薄弱部位，毕其功于一击。

（二）上后步跟步弹拳

上后步跟步弹拳，和跟步弹拳大同小异，也可以分为上左后步和上右后步。

1. 上右步跟步弹拳

站好预备势。左手在前，目视左前方；以左脚为支撑脚，右脚用力蹬地向前抬起，大幅度前跨步插入，以脚跟着地生根，同时左脚向前自然跟上，前脚掌触地，在右脚跟触地的一瞬间，右拳以极大的冲击力向敌要害部位打出。（图2-53~图2-55）

图2-53

图2-54

图2-55

【动作要求】右脚抬起,要有意识地把全身重量集中在右脚上,落地时要形成前插状。右脚上步落地要狠,停得要稳,让右脚跟着地时的反弹力、左脚跟上的惯性力都从右臂打出,把落点、跟点、击点合在一点上,形成巨大的动能冲击力量。右拳出拳和右脚落地的配合要恰到好处,同时完成跟步动作。切记出拳要为弹性出拳。

2. 上左步跟步弹拳

站好预备势。右手在前,目视右前方;以右脚为支撑脚,左脚掌抬起蹬地向前,大幅度往前插,以跟步落地,同时右脚自然跟进,右脚尖触地;在左脚跟触地的一瞬间,左拳与上步法一致产生巨大的冲击力,闪电似的击打弹拳。(图2-56~图2-58)

图2-56

图2-57

图2-58

【动作要求】左脚抬起,要有意识地把全身重量集中在左脚上。落地时要形成前插状,左脚前插落地要狠,停得要稳,让左脚跟着地时的反弹力、右脚跟进的惯性力都从左臂打出,把落点、跟点、击点合在一点上,形成巨大的动能冲击力量。左拳出拳和左脚落地的配合要恰到好处,上下动作同时完成。切记要弹性出拳。

【技击含义】弹拳借助上步产生的冲击力,瞬间集全身之力于一拳,弹出时有排山倒海、雷霆万钧之势。拳歌有云:"出手似闪电,发力如雷霆。" 如能击中敌人要害部位,必能将其击倒。

(三)玉女抽身

1. 左前手玉女抽身

(1)练习时,先站好预备势。左手在前;目视左前方。(图2-59)

(2)以右脚前掌为重心脚,以右脚尖为支撑点,左脚稍用力蹬地,借助蹬地的力向左后方撤步与右脚合并,身体旋转大约180°;同时,借助撤步和旋转的力右拳顺势弹拳,左手至于胸前;目视右前方。(图2-60)

图2-59

图2-60

【动作要求】头要上领，脚要下沉，支撑脚要站稳，预防旋转用力不当站不稳。转身撤脚要轻快、敏捷，不要向上跳起离地。转身时左手迅速收回护肩，右手借势瞬间弹出，目视右前方。

2. 右前手玉女抽身

（1）练习时，先站好预备势。右手在前，目视右前方。（图2-61）

（2）以左脚为重心脚，以左脚尖为支撑点，右脚稍用力蹬地，借助蹬地的力向右后方撤步与左脚合并，身体旋转大约180°；同时，借助撤步和旋转的力左拳顺势弹拳，右手护肩；目视左前方。（图2-62）

图2-61

图2-62

【技击含义】玉女抽身是后闪堵截对方进攻的一种手法，在转身让开的同时出右拳，让敌人防不胜防，弹拳的力加上敌人向前进攻的力的撞击力，对敌打击的效果更是加倍。可以说

"玉女抽身"是事半功倍的招式。若掌握恰当时机,运用此手法还可以变化多种打法,可以巧妙地配合技法来反攻敌方,使敌难以招架。

(四)闪打

闪打,是闪步和弹拳配合防守反击的高级技法。练习闪打的前提是必须熟练闪步与弹拳等基本功。

1. 左前手闪打

(1)左前手闪打一

预备势。右手前伸;向右转身即闪开,身体重心向左后移动,右脚蹬地迅速向左后方移一小步,右脚自然向左脚并步,重心位于左脚;右脚后撤的同时,左拳向敌人破绽之处弹出。(图2-63、图2-64)

图2-63

图2-64

（2）左前手闪打二

向左打闪，身体重心向左前方移，左脚迅速向左前方迈进一小步，右脚脚跟着地，自然向左拖行一小半步，左膝部自然稍弯曲，左腿为重心；在左脚后撤迈出去的同时左弹拳瞬间弹出；目视前方。（图2-65、图2-66）

图2-65　　　　　　　　图2-66

【动作要求】脚步、手法都要有弹性，这样才可快速出击和快速变换步法招式。弹拳出的时机要掌握好，在闪的同时要瞬间出手。

【技击含义】闪打可以在与敌人对峙的时候，快速闪开敌人进攻，但闪开不光只是闪，在闪开的同时瞬间出拳给予反击，打敌人一个措手不及。这是"似让非让，似攻非攻，攻守合一"。

2. 右前手闪打

和左前手闪打的基本原理一样，只需变换脚步即可。（图2-67~图2-69）

图 2-67

图 2-68

图 2-69

在临阵对敌时忌讳慌张、急进。冷静看准敌方的攻势，利用自己灵活的优势化解。运用玉女抽身，脚和手要灵活配合，动作要迅速。弹拳出去一定要借助转身腰部的力量，给予对手雷霆一击。

第二节 双人练习

一、单操手

1. 左手单操手（进）

（1）站好预备势。全身放松，调整呼吸；左手在前；目视左前方。（图2-70）

（2）左掌翻转，手心向下，左臂微向上划弧，后沉肘，左掌收于腰间，指尖向前，右手在左掌翻转时自然抬起，肘部弯曲，手掌置于左手腋下肘部附近，指尖向前，在左掌划弧收回时，右手肘部向后拉，右手掌微向上划弧，后下收于胸前，指尖向前。（图2-71）

图2-70　　　　　图2-71

（3）左右手同时向下划弧按掌并向前伸，左掌按掌，伸直后慢慢往上抬，并慢慢翻转到掌心向右，高度略高于肩部，低于平视目光，右手收于腰间，左手往前平伸。（图2-72、图2-73）

图2-72　　　　　　　　　　图2-73

【动作要求】练习单操手时，全身要放松，手部要柔软，似水一般。头要上领，脚要下拔。在收掌时用鼻吸气，聚于丹田。掌下按前伸时，气从口徐徐呼出，整个过程要一气呵成，慢细而长。掌的收回与前伸的轨迹要类似于一个圆。

2. **左手单操手（防）**

（1）站好预备势。全身放松，调整呼吸；左手在前；目视左前方。同图2-70。

（2）左掌翻转，掌心向下。右手上抬，置于腰间，后双手同时划弧按掌，并向后拉，左手肘部弯曲，收于腰间，左掌向上抬，与肩同高，同时左掌翻转，掌心向外，右手肘部后沉，手

掌由下往上在胸腹按掌划圈，后置于胸前，两掌心向内。（图2-74、图2-75）

图2-74　　　　　　　　图2-75

（3）左手向前伸直，右手也微向前伸，右手掌置于胸前，完成一周。（图2-76）

【动作要求】

头上领，脚下拔，全身要放松，手部要柔软，似水一般。在收掌时用鼻吸气，聚于丹田。

图2-76

掌前伸时，气从口徐徐呼出，整个过程要一气呵成，慢细而长。掌的收回与前伸的轨迹要类似于一个圆。在练习单操手时，宜慢不宜快，动作慢而柔，练习意念，使意念和动作一致，达到内外结合。

3. 右前手单操手

右前手单操手（守）：

（1）站好预备势。全身放松，调整呼吸；右手在前；目视右前方。（图2-77）

图2-77

（2）右掌翻转，掌心向下，左手上抬，置于腰间，后双手同时划弧按掌，并向后拉，右手肘部弯曲，收于腰间，右掌向上抬，与肩同高，同时右掌翻转，掌心向外，左手肘部后沉，手掌由下往上在胸腹按掌划圈，后置于胸前，掌心向内。（图2-78、图2-79）

图2-78　　　　　　　　　图2-79

（3）右手向前伸直，左手也微向前伸，左手掌置于胸前。（图2-80）

图2-80

右前手单操手（攻）：

（1）站好预备势。全身放松，调整呼吸；右手在前；目视右前方。（图2-81）

（2）右掌翻转，手心向下，右臂微向上划弧后沉肘，右掌收于腰间，指尖向前，左手在左掌翻转时自然抬起，肘部弯曲，手掌置于右臂肘部附近，指尖向前，在右掌划弧收回时，左手肘部向后拉，左手掌微向上划弧，指尖向前。（图2-82~图2-84）

图2-81

图2-82

图2-83

图2-84

（3）左右手同时向下、向前划弧按掌，并向前伸，右掌按掌伸直后慢慢往上抬，并慢慢翻转到掌心向右，高度略高于肩部，左手置于右手上臂内侧；目光平视。（图2-85、图2-86）

第二章 峨眉拳入门功夫

图2-85

图2-86

【动作要求】练习右前手单操手时，要求和练习左单操手的动作要求一样。全身要放松，手部要柔软，似水一般。头要上领，脚要下拔。在收掌时用鼻吸气，聚于丹田。掌下按前伸时，气从口徐徐呼出，整个过程要一气呵成，慢、细而长。掌的收回与前伸的轨迹要类似于一个圆。动作宜慢不宜快，动作慢而柔，练习意念和动作一致。

二、双操手

1. 原地双操手（攻）

（1）甲乙两人配合（甲方为白衣，乙方为深衣），双方均站好预备势。拉开适当的距离，前手相接，目光对视。甲方以操手向前攻，乙方做配合练习。（图2-87）

（2）甲方左手黏着乙方的左手背，手掌划弧收回腰间，并用手掌牵引着乙方的左手向自己伸来。（图2-88）

图2-87

图2-88

（3）甲方用左掌将乙方手掌往下按，同时使乙方的手自然随起收退回去，直到自己的左手抬到与肩同高度为一周。重复第一到第三的步骤来回练习。（图2-89、图2-90）

图2-89　　　　　　　　　图2-90

【动作要求】如图示，甲乙双方在练习时，头要上领，两人的手应始终形影不离，但又若即若离地黏在一起。两人的手部要柔软，慢慢地重复动作，体会感受。两人练习时呼吸要调整，与单操手练习时的呼吸相同。切忌心浮气躁，急功近利。只有慢慢地来回练习，才能体会到双操手的感觉。

2. 原地双操手（守）

（1）甲乙两人配合，两人均站好预备势，拉开适当的距离，前手相接，目光对视；甲方以操手向后守，配合乙方以单操手向前攻。（图2-91）

（2）乙方向前推手，甲方黏着其左手向下按，把对方攻击手向下牵引。（图2-92）

（3）甲方借助乙方向前、向上推的力，用手将乙方向上引，抬至与肩同高时把乙方的掌推出。重复上面三个步骤。（图2-93、图2-94）

图2-91

图2-92

图2-93

图2-94

【动作要求】如图示，甲乙双方在练习时头要上领，两人的手应始终形影不离，但又若即若离地黏在一起。在往下按掌的时候，要有一种感觉是把对方向前的力卸掉，一羽不能加；然后牵引着对方向自己过来,在其力到最远处后顺势把其手推开。两人的手部要柔软,慢慢地重复动作,体会感受。两人练习时呼吸要调整,与单操手练习时的呼吸相同。切忌心浮气躁,急功近利。只有慢慢地来回练习,才能体会到双操手的感觉。左右练习对人体的平衡发展、协调大有益处。

三、移动双操手

移动的双操手(甲方为攻,乙方为守):

移动的双操手练习其实就是在原地双操手的基础上加上了进步和撤步。向前攻的甲方向前进步,在手收于腰间后,向前伸的时候,左脚配合手部动作以跟步向前推进,后脚同时自然跟上。守的乙方,在手掌向后收的同时,前脚经过后脚的后侧向后滑步,变成交叉脚的形式。在手收回后向前伸的时候,前脚经过后脚的前侧向后退步,变回两脚开立的姿态。两人不断地进步和退步,加上手部动作重复练习,甲乙双方可以变换进攻。(图2-95~图2-105)

图2-95

图2-96

图2-97

图2-98

图2-99

图2-100

第二章　峨眉拳入门功夫

图2-101

图2-102

图2-103

图2-104

图 2-105

【动作要求】

（1）练习时两人的手脚都要灵活配合，进步和退步的时间要配合恰当，退的一方要顺着进攻方的力向后退，同时进攻方也要借着防守方的牵引力向前进步。练习时呼吸要根据单操手时进攻和防守的方式进行，不能为了快速练习而心浮气躁，这样只会欲速而不达。一般在练习移动双操手前，建议两人先原地配合练习双操手。

（2）练习时可以适当地加上进攻，例如，在移动的过程中突然加上"玉女抽身"等招式向防守方进攻。但是练习时不能大意，以免误伤队友。以这种突然出招的方式练习移动双操手，能集中双方的注意力，可以练习凭感觉和听力去判断进攻方的进攻。同时进攻出拳，防守退步，可以加强手脚的灵活配合程度。不仅如此，还可以对各种步法进行锻炼，可熟悉并灵活运用各种步法，为"不接手"打法打下基础。

（3）练习时也可以通过观察对方眼神、容貌、肩部的细微动作来判断对方的进攻和防守，同时也锻炼自己的眼神在进攻时怎样才不露出破绽，练习怎样才能做到进攻不动声色，出其不意。

第三节　用法

一、盖打用法

1. 盖右拳击打

（1）甲乙双方对峙，乙方用右拳直击甲方。（图2-106）

（2）甲方用左手盖乙方左手臂，同时撤左步，用右拳击打对方的面部。（图2-107、图2-108）

图2-106

图2-107　　　　　　　　　图2-108

2. 盖左拳击打

甲乙双方对峙，乙方用右拳直击甲方；甲方用右手盖乙方右手臂，同时撤左步，用右拳弹击对方的面部。（图2-109）

图2-109

二、闪打用法

1. 左前手闪打

（1）甲乙双方侧身对峙，乙方以散打进攻，甲方站好预备势，左手在前迎敌。（图2-110）

（2）乙方直接向甲方击出左拳，甲可向左后方快速闪步，让出左前方的空档，使乙方的出拳打空；甲方在闪开的同时左拳快速弹出，给予乙方出其不意的一击。（图2-111）

图2-110

图2-111

（3）若乙方向甲方击出右手拳，甲方同样也可以向左方迅速闪开，避开乙方的攻击，同时向其弹出左拳，击向其头部。但是因为乙方是出右拳，而甲方是左前手，因此在甲向左后方撤步闪开时可适当加大步伐，以便有足够的距离避开乙的右拳，同时甲的左拳有足够距离击中乙方头部。（图2-112）

图2-112

2. 右前手闪打

（1）双方侧身对峙，乙方以散打进攻，甲方站好预备势，右手在前迎敌。

（2）乙方出左拳向甲方面部打去，甲方迅速向右后方撤步，闪开乙的左拳，同时甲方右拳向乙方头部弹出，攻击乙方头部。（图2-113）

图2-113

（3）若乙方出左后拳向甲方攻击，甲方亦可以向右后方退步，让开空档避开乙方的攻击。同时快速弹出右拳，攻击乙方的头部。（图2-114）

图2-114

【动作要求】甲方让开乙方的拳退步时，时机要把握准确，不能过早也不能过晚，若太早，乙方就有机会转换拳的方向攻击到甲方，若太晚就会躲闪不及而被击中。脚步要灵活，手脚配合要协调、及时，不能出拳了脚还没撤步，也不能撤步了还没有出拳。

三、玉女抽身用法

玉女抽身的动作要领在前面已经描述，现在只描述其用法。

（1）双方侧身对峙，乙以格斗势预备，甲以预备势迎敌。乙方如上步出左拳，甲方站稳看准，利用前手优势，左掌按住乙

方左拳并向下压,把乙方的拳力卸掉,牵引其向甲方冲去。(图2-115、图2-116)

图2-115　　　　　　　　　　图2-116

(2)快速撤腿、转身,让乙方已卸掉力的拳头打空,同时甲方右拳顺势弹拳,击向乙方头部,甲方左手护住肩部,防止乙方再次进攻。(图2-117)

图2-117

（3）如果乙方是以右拳出击，甲方可以把其手压下，也可以直接转身让出空当让其打空，但左手要作为身体的保护手，防止乙方攻击到身体。再撤腿转身让开空当的同时，看准乙方的破绽，顺势快速弹出右拳，击向其头部。（图2-118）

图2-118

【动作要求】

在临阵对敌时忌讳慌张、急进。冷静看准敌方的攻势，利用自己的优势化解。运用玉女抽身，脚步和手部要灵活配合，动作要迅速。弹拳出去一定要借助转身腰部的力量，给予对手雷霆一击。

第三章 二路峨眉拳

第一节 二路峨眉拳拳谱歌诀

蜀僧西下峨眉峰,山势封掌有威名。
童子推门升金锁,玉女引路任意行。
见手先让三分礼,还手齐发要分明。
十字横路紧相连,迎风使去方为真。
蛟龙出水翻上下,白蟒入洞就地行。
腾身跃出连环索,回身拐打势法精。
巨灵劈山抡大斧,赤帝芒砀折白龙。
黑熊探爪如风快,蝎子倒尾快如风。
仙人指路七星点,鸡啄蜈蚣步势难。
开路偏逢拦路拳,势到八法即分明。

第二节 二路峨眉拳路线图

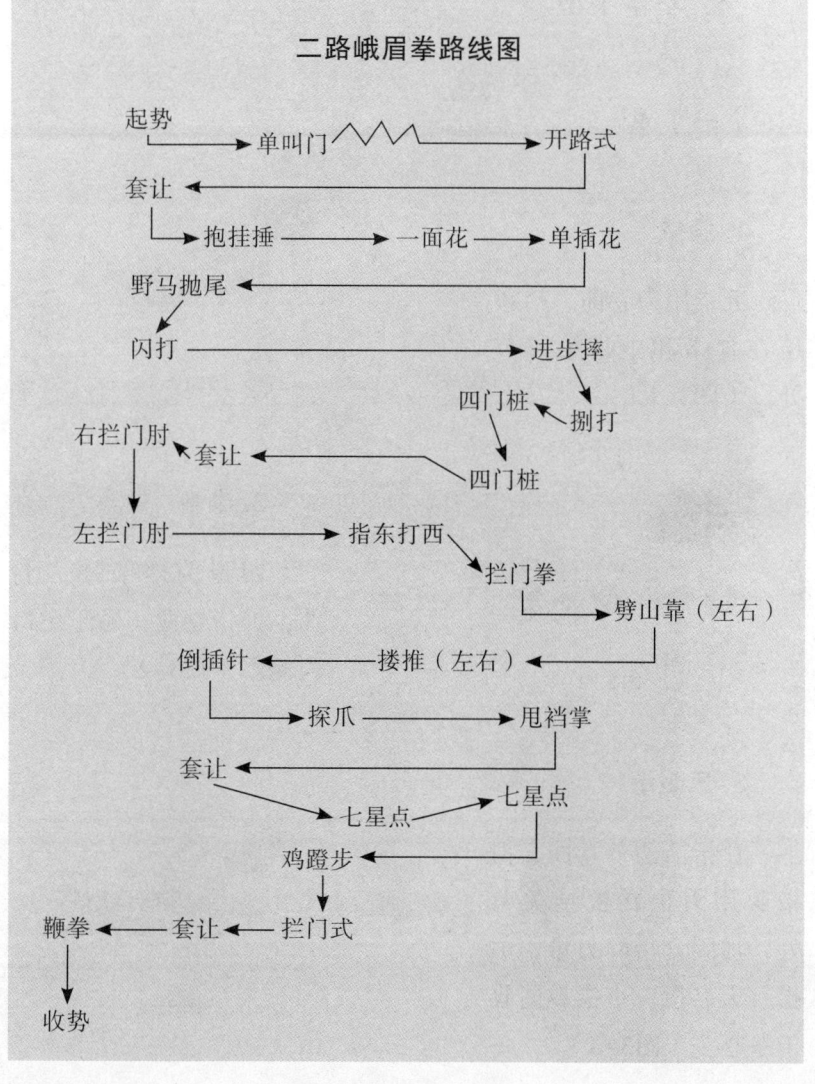

第三节　基本形态

一、基本手型

（一）拳

1. 满拳

五指用力卷曲，拇指压在食指和中指第二节处。（图3-1）

图3-1

图3-2

2. 半拳

四指前两节用力卷曲，拇指卷曲，贴于虎口内侧。（图3-2）

3. 凤眼拳

食指前两节卷曲，拇指腹用力顶在食指关节处，加固食指的力量，中指、无名指、小指卷曲收于拳心。（图3-3）

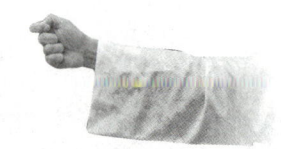

图3-3

（二）掌

1. 柳叶掌

四指伸直并拢，拇指弯曲。一是直掌，二是曲掌。（图3-4、图3-5）

图3-4

图3-5

2. 散掌

五指伸展开，掌心稍内凹，虎口相撑。（图3-6）

图3-6

3. 单指掌

食指与拇指虎口相撑，中指、无名指、小指前二节弯曲收于指根第二节处。（图3-7）

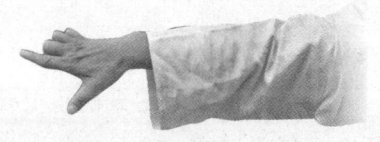

图3-7

（三）勾

1. 勾

五指撮拢，腕关节弯曲。（图3-8）

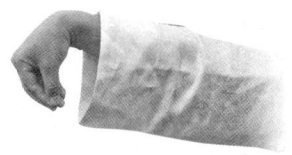

图3-8

2. 刁勾

拇指与食指虎口相撑，稍向内扣，微弯曲，中指屈30°，无名指屈90°，小指屈120°，腕关节外侧上顶，刁勾手心内凹。分正刁勾和反刁勾两种。（图3-9、图3-10）

图3-9 正刁勾

图3-10 反刁勾

二、基本陈势

1. 陈

阵也。陈势是峨眉拳攻守的一大法则，是本门功夫的重要技法和内功功法。自然站立，两脚开立，稍比肩宽。全身放松，以侧身对敌；左臂向前伸直，五指自然散开成散掌，右臂下垂，肘部稍弯曲，右掌五指散开，指尖向下，置于裆部；目视左掌，视线经过前掌心瞄准敌人头部，观其动静。（图3-11）

图3-11

2. 陈势弹拳

自然站立，两脚开立，稍微比肩宽，全身放松，以侧身对敌；右手凤眼拳，左手松肩沉肘，肘部自然收到腰腹部间，注视着左前方，右手向前弹出，弹出到手臂的最大长度。（图3-12、图3-13）

图3-12　　　　　　图3-13

三、基本步法

1. 跟步

身体稍侧,两脚前后开立,两腿膝部微微弯曲,左脚在前,成高弓马步势;双手自然下垂于身体两侧;左脚抬起向前插,以脚跟着地生根,同时右脚自然跟上,由脚跟到以前脚掌落地;上身和手部动作不变。(图3-14、图3-15)

图3-14

图3-15

2. 飘步

身体向体后移,左脚向后撤步,头向上领,右脚随即向后撤步;左右掌置于胸前,掌心向下,掌尖向前。(图3-16)

图3-16

3. 让步

身体重心向后沉,左脚尖勾起,右腿屈膝;同时左臂内旋,屈肘下沉,掌心向下,由手臂往下置于腹前,掌心向下;目视左掌。(图3-17)

图3-17

图3-18

4. 十字步

身体向右前方移,右脚向右前方45°跨步,右脚跟离地,成左弓步;右掌置于左臂内侧,掌指向前,左单指掌向右前方伸出;目视左掌。(图3-18)

5. 闪步

身体向后移,左闪半步,左脚蹬地向左后方退步,膝关节弯曲,右脚尖勾起;左凤眼拳随左闪向前弹出,稍高于肩,右掌置于腰间;目视左拳。(图3-19)

图3-19

第四节　二路峨眉拳技术图解

（一）起势

（1）两腿并拢立正；两臂垂于身体两侧，两手掌贴在腿侧；全身放松，呼吸自然；目视前方。（图3-20）

（2）左脚向前迈半步，脚尖点地，成左高虚步；同时两臂屈肘上举，掌背相对，掌指散开，停于胸前；目视左前方。（图3-21）

图3-20

图3-21

（3）身体向前移，左脚落地，右脚向前迈步；同时两臂由胸前向下左右展开；目视正前方。（图3-22）

（4）左脚向前上半步，两脚与肩同宽；两臂外旋，掌心

向上，捧气向上绕至头部上方，手臂内旋，掌心向前。（图3-23）

（5）两手掌向下按至腹部，掌心向下，掌指相对。（图3-24）

图3-22

图3-23

图3-24

（6）两手掌变勾，手臂稍外旋，上摆至头上，勾尖向下，力点在手背；手指突然伸开戳出；目视前方。（图3-25、图3-26）

图3-25

图3-26

【动作要求】手、眼、身法、步要协调。上步分掌时吸气，下按掌时呼气，呼到丹田，呼吸到细、匀、慢、长、深。掸手、后滑步动作要协调一致。如遇歹徒抓我双肩，我手掌成龙爪型，五指用力插其面部。峨眉拳始为玉女拳法，多用于女子防身，击敌之要害。眼睛是人体面部最要害之部位，非遇困危则不发，不可轻用，习者切记。

【技击含义】若敌方用双手抓拿我的双肩时，我方沉着自然，两手臂下垂于体侧，注视敌方。我两手掌变勾，手臂稍外旋，前臂快速有力击打敌方前臂，手背向其面部掸出，做"龙女掸尘"；同时身体后移，两脚向后滑步，收腹探身；目视敌方。

（7）身体右转90°，左脚向内扣，右脚跟为轴向外旋，脚尖勾起；同时左勾手变掌，至体侧向前推出，右勾手变拳收于腰

间;目视左掌。(图3-27)

(8)身体重心下沉向右移,右脚向前跨步,左脚跟离地,成右弓步;左掌置于右臂肩关节处,右拳变掌内旋绕弧向前横击,掌背向里;目视右掌。(图3-28)

(9)身体左转90°,左脚向后收步,右脚以脚跟为轴向里旋,成站立式;同时左掌向右臂下经胸前向左前方伸出,稍高于肩,右掌五指散开置于裆部;目视前方。(图3-29、图3-30)

图3-27　　　　　　　　图3-28

图3-29　　　　　　　　图3-30

【动作要求】头要上领，脚要下踏，左掌要前伸，右掌下沉，使身体处于随时能向四方变化的状态。即"出手一势站方圆，变化四方任周旋"。这是峨眉拳的预备势——陈势。

手臂前伸是为了充分利用一臂之长，设障于前，使敌难于进攻。敌不破我前手，其一臂之长就无法接近我，敌若把第一时间用在破我前手上，那么我就可以借此机会迅即向敌进攻或退却变化。侧身对敌则是为了尽量减少可被敌攻击的面积，同时也减少了自身需要防护的范围。

【技击含义】敌方用左手用力抓我右肩，我左脚后撤，侧身对敌，手臂自然下垂于体侧；注视对方。敌方重心忽然后撤下沉，右脚向前上半步，同时用左手抓握我左手腕，右手握紧拳，用拳背向我太阳穴贯击。我身体下沉，屈膝下蹲，左手抓牢敌方左手不使其脱掉，右臂屈肘下压其左臂，用力过猛可使对方手臂骨折。实战要求：我左手抓对方的左手要牢稳，右拳击打其头部造成对方身体向后扯劲，这时我右臂迅速下压对方左臂，如我在下压时身体向左转，可将对方向体前摔倒。

（二）单叫门

（1）身体重心稍向后沉，左脚尖勾起，右脚屈膝；同时左臂内旋，屈肘下沉，掌心向下，指尖对准打击目标；目视左掌。（图3-31）

（2）身体向前移，探身，左脚随势向前跨一大步，成左弓步；同时左掌向前伸出；目视左掌。（图3-32）

（3）身体左转90°，左脚不动，右脚跟离地；左掌收于胸前，同时右掌变凤眼拳向前方弹出；目视前方。（图3-33）

（4）身体重心后移，右转90°，左脚蹬地，向后拉步成站立势；左掌从胸前部伸出，右掌变掌置于裆部；目视左掌。（图3-34）

图3-31

图3-32

图3-33

图3-34

【动作要求】左掌随左弓步向前猛伸，左手臂后收，同时右拳向前迅速弹出；身体向左拧，腰背肌充分拉开，右脚跟离地有利于迅速还原成势，以势待敌。峨眉拳认为脚后跟离地，便于衔接下一个动作。当对方右拳向我面部进攻时，向后小让，无论对手拳路是否要收、或要发未发之际，我都将左掌向其面部猛伸，同时迅速上步，右掌向对方面部弹出。

【技击含义】对方跨左步，用左拳快速向我面部击打。我身体后移，同时用左掌封对方左拳进攻，右掌自然置于腹前，目视对方。我左手稍用力向左挂对方左臂，右掌变拳向对方面部反击，同时右脚用力蹬地向前伸直，后脚跟离地成左弓步，目视对方面部。实战要求：我的后让步要侧身对敌，尽量减少被敌攻击的面积。右脚后撤步随即如同压紧的弹簧向前弹出，左手反击不要有回抽臂的动作，做到"手在何处便在何处击人"，这样时间短，可达到高速度攻击。

（三）开路式

（1）身体向左前方移，左脚向左前方45°跨步，右脚跟离地，成左弓步；左掌置于右臂内侧，右掌向右前方伸出，掌指向前，五指散开，成侧立掌；目视右掌。（图3-35）

（2）身体向右前移，右转90°，右脚向右前方45°跨步，右脚跟离地，成右弓步；左掌从右臂侧向前伸出，掌指向前，五指散开，成侧立掌，右掌置于左臂内侧；目视左掌。（图3-36）

（3）身体向左前方移，左转90°；左脚向左前方跨步，右脚跟离地，成左弓步；左掌置于右臂内侧，右掌向前伸出；目视右掌。（图3-37）

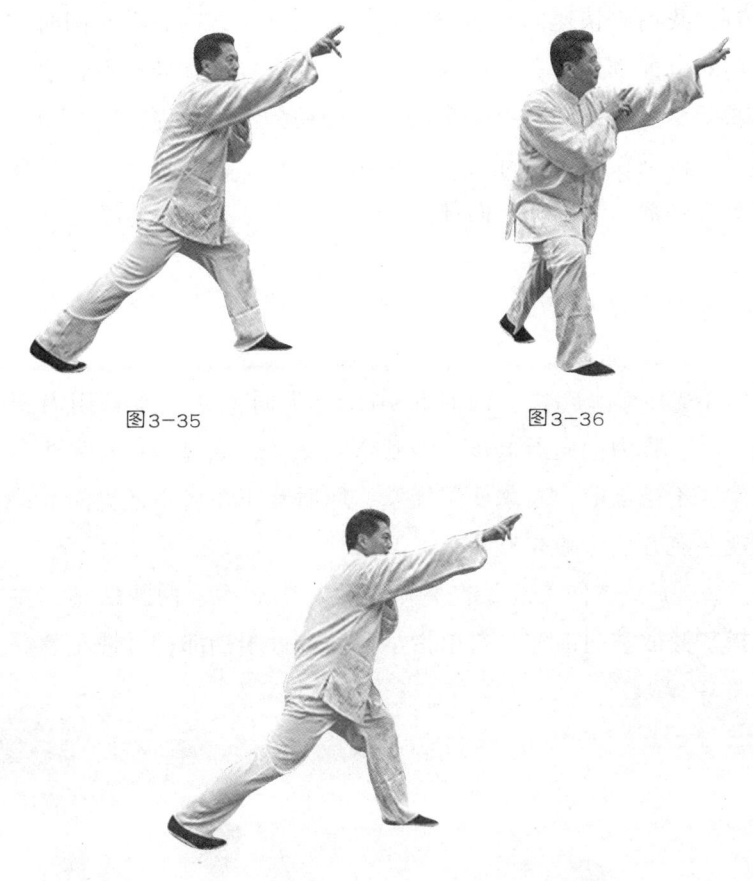

图3-35　　　　　　　　图3-36

图3-37

【动作要求】上下协调、动作连贯。身体左右移动前进，闪避对方正面进攻，同时快速上步出左右掌开路，戳对方面部。

【技击含义】对方上左弓步冲拳向我面部击打。我避开对方的进攻，左脚向左前方45°跨步，同时右手掌快速向对方面部伸，左臂屈肘，手掌藏于右臂内侧；目视对方眼神。对方受到我的反击，身体后移，撤左脚成右弓步，同时用右拳快速向我面部击打。我右脚快速向右前45°跨步，闪开对方的右拳，同时左掌向对方面部伸出；注视对方。实战要求：上下肢协调，手法要隐蔽，步法紧随对方的步法，"一动势牵动莫停留"。当逼到对方被动挨打架挡部时，我可用一面花、龙女拂手等动作猛攻对方挡部、腹胸部、面部。

（四）套让

（1）身体后移，向右转90°，头向上领，左脚用力蹬地，经右脚内侧向后退步，两膝弯曲交叉，成套步；左掌变单指掌置于挡部前，右掌变单指掌，屈肘置于左肩，指尖向上；目视左前方。（图3-38）

（2）身体向上起，左脚不动，右脚后撤，两腿站立；左单指掌变散掌向前伸，右单指掌变散掌置于挡部；目视左掌。（图3-39）

图3-38

图3-39

【动作要求】套步时，头向上顶，上手稍撑，下手稍沉，身体要整体运动，步法轻松自然。根据对方攻击的距离，套让一步或几步均可，两手掌交叉成一垂直线，防对方脚踢裆部和拳击头部，在换势中可突然反击对方。

【技击含义】对方右弓步用右拳打我。我左手臂格挡对方右手臂，护住面目，同时上左步用右拳向对方裆部弹拳，目视右手。对方右手掌内旋向里划弧格我的右手臂，同时迅速上左步出左拳向我面部击打，我身体快速后移，左脚向右脚后套步，左臂护裆，右掌向里拨对方左拳，使其力向内化解。对方身体后倒，快速起前脚蹬弹我裆部。我用左掌向外拨对方左脚，也可以用力向上掀化解对方的左腿力点。实战要求：无论对方拳击，还是腿法猛攻，我定要侧身对敌，目视对方，两臂置于体侧上下交替成垂直面护身，根据对方的攻击距离，让一步或几步均可，看准时机突然反击对方。

（五）抱挂捶

（1）身体向左转90°，突然前移，同时左脚向前跨步，右脚跟离地，成左弓步；左掌置于右臂内侧，掌心向内，掌指向前，右掌从裆部向前伸出，掌心向下，掌指向前；目视右掌。（图3-40）

图3-40

（2）身体稍右转；左掌前伸变爪，爪心向上，右掌变爪，手臂外旋，爪心向下，两爪心相对；目视前方。（图3-41、图3-42）

（3）身体向右转45°，左腿屈膝支撑，右脚蹬地向前伸腿，脚尖勾起；同时左右爪置于右腰间；目视前下方。（图3-43、图3-44）

图3-41

图3-42

图3-43

图3-44

（4）身体向前移，左转120°，左脚随右脚自然向前滑步，右腿前伸，以脚跟用力向前落地，脚内扣，成马步；左爪变拳，前臂内转、屈肘，拳置于左胸部，拳心向外，右爪变半拳从腰间向右弹出，与肩同高，拳心向下；目视右掌。（图3-45~图3-47）

图3-45

图3-46　　　　　　　　图3-47

【动作要求】弓步转换马步弹掌，不要低头塌腰，躯体要有一股崩力、缠丝劲，动作要连贯、迅速，发力要整。当我上左步伸右掌向敌攻击时，被对方左手抓腕，这时快速前伸左掌破敌，两爪上下绕圈反抓对方手腕，上右步，右手刁抓，随势左收臂向后猛扯，右拳向其左腋下或胁部击弹。

【技击含义】对方上左弓步用左手掌攻击我面部。我上左弓步错开其攻击，右掌快速向对方左手内侧伸，外挂对方手臂；目视对方。对方左手向里向下盖压，抓握我右手腕，向回拉。我身体顺势向前移，目视其面部。我右脚蹬地快速向对方左腿外侧后跨步，同时左手握紧对方左手腕外旋，右手臂内旋，使对方左手腕脱掉，我顺势反抓其左手腕，右手臂屈肘于对方左臂下方，目视对方面目。我身体向后移，成高马步，同时左手用力后扯对方左臂，右肘捣其腋下肋肋部。我右前臂外旋，用右掌击打对方的面目，左手用力下压对方的左臂。我两脚用力蹬地，两手牵紧对方左臂猛向上托，造成对方左臂向上错位，迫其重心向上，两脚跟离地。我身体重心猛下沉，依靠全身之重量，两手抓紧对方右臂向下拉，造成其肩关节脱臼。实战要求：上步、顶肘要快速，托臂下拉要充分利用全身之重量。我上托对方的手臂向后用力，用右脚绊对方左脚，效果很好。

对方跨左步用左拳向我胸部击打，我稍后闪开用左手刁抓对方，坐左腕，同时用右拳向对方头部砸拳。对方右脚蹬地猛向我裆部弹踢，我快速后移步，让开对方的攻击，右拳用力向对方的脚背砸击。对方右脚后撤，我右脚顺势快速向对方裆部插成跟步势，同时用右拳向其下颌击打。实战要求：上步钻拳要随全身之力集中于拳面，上下肢动作要协调，动作一致。如对方右脚后撤换左脚踢，我则用右手臂向后方拨其腿，使力化解，同时用右脚蹬对方的右膝关节堵截对方的进攻。

（5）身体向后移，右转45°，左脚内扣，左脚支撑，右腿支撑，右脚稍后移，脚尖点地，成右虚步；左拳置于右臂内侧，拳心向上，右拳贯拳向下砸，跟步上勾拳，拳心向上；目视右拳。（图3-48、图3-49）

图3-48　　　　　　　图3-49

（6）身体向前移，右转45°，左脚蹬地，随右脚向前滑，右脚向前上步，成马步；右臂内旋向前弹击，拳心向下，与肩同高，左拳附于右臂肘部；目视右拳。（图3-50）

图3-50

（7）身体向后移，右转180°，左脚内旋，脚尖撑地，右脚向后退一大步，成站立势；左拳变掌向前伸出，右拳变掌置于裆部；目视前方。（图3-51）

图3-51

【动作要求】身法步法的转换，要有一股僵丝劲力，崩力。发拳要随全身之力集于拳面，上下肢协调，动作一致。

【技击含义】当对方用左脚踢我裆部时，我右脚虚步回抽，拳砸对方脚面，迅速跨马步向对方心窝击拳。

（六）一面花

（1）身体向前下方移，左转45°，左脚向左前方跨步，右脚自然跟随，脚跟离地，成右跟步；左掌变单指掌，手臂内旋，向左前下方摆掌，掌心向下，掌指向前，右掌变单指掌，掌指向前；目视前方。（图3-52）

（2）身体向右前移，右转45°，左脚跟离地，屈膝关节，右脚蹬地，向右前方跨步，成右跟步；左右掌随身体移动前摆掌；目视前方。（图3-53）

（3）身体向前移，向左转45°，左脚用力蹬地向前方跨一大步，右脚跟离地，成左弓步；左掌自然置于右臂内侧，同时右掌散开向前猛伸，成侧立掌，掌心向内，掌指向前；目视前方。（图3-54、图3-55）

图3-52　　　　　　　图3-53

图3-54　　　　　　　图3-55

（4）身体前移，向右转45°，左脚屈膝支撑全身重量，右脚用力蹬地向前伸腿，脚尖勾起；左单指掌变向前戳对方面目，掌心向下，掌指向前，右掌变半拳收于腰间；目视前方。（图3-56、图3-57）

（5）身体前移，左转45°，左脚随右脚向前移，脚跟离地，右脚用力向斜下方插地，成左跟步；左掌置于左腹前，右半拳变凤拳从腰间猛烈向前弹出；目视右拳。（图3-58）

图3-56

图3-57

图3-58

【动作要求】伸左手戳目时不要用力，动作要逼真，上下配合协调，发力效果才好。因为"式式比有假，真假必同时，真遇真时假，假遇假时真，诱骗为至关，妙用存乎心"。

当与敌方交手时，左右摆掌骗对方，待对方要攻未攻、要退未退之际，迅速用一面花攻击。一面花的攻守有正、反各三法：正法为直接左、中、右三路进攻；反法是对方攻击我时，我让开左、中、右方向的位置，同时反攻对方。其技法细腻，步法灵活，角度刁，在实战中要根据对方攻守情况来综合运用。

【技击含义】峨眉拳"一路花"有正、反攻防的方法，主动进攻的打法为正法，有左、中、右三路，防守的打法为反法，有左、中、右三路。

一面花左路正法：

（1）预备势，亦称"陈势"。敌我双方两脚开立宽于肩，身体自然站立，侧身相对；左臂前伸，成侧立掌，使敌难于进攻，右手五指散开，下垂贴身放于裆前，指尖向下；两眼顺前掌心视对方面部。要求：头要上领，脚往下沉，掌要前伸，肘要下坠，即四梢相撑，这样有利于随时向四方的变化。在进攻中，要求动作冷、长、快、巧，才能达到制敌的目的。

（2）我方突然向右斜前方上步，同时左掌向对方内侧划弧，破其前手。对方亦向右斜前方上步，同时左掌划弧，双方掌指相对。对方右脚往后撤，摆掌对准我，我左脚向前上步紧逼对方。我右掌快速前伸戳对方面部，对方右脚后撤，同时左掌护挡我的右手臂。我抬右脚蹬对方裆腹部，同时收右掌，随即左掌快速前伸戳对方面部。

（3）我右脚插地于对方左脚内侧，或往对方左脚背上用力踩踏，我左掌防对方前手，同时右拳用力向对方胸部弹拳，弹拳后自然收回。要求：整个攻击动作要一气呵成，出击要快速，动作配合要协调，脚跟落地点与弹拳要同时完成。打完后，右步迅速后撤，还原成预备势。

一面花中路正法：

（1）我左脚向前上步，同时右拳向对方面部弹拳，对方右脚后撤步，左拳反击我。

（2）我以左掌快速再伸掌于对方面部，对方屈肘格挂我左臂。我抬右脚蹬对方裆部，对方左脚后撤步成套让。对方右脚后撤步，我以右脚跟用力，快速向对方左脚外侧插地，同时右拳向对方肋部猛弹。

【实战要求】跨步、伸掌防护上、中部，上下肢要紧密衔接，动作必须迅猛、果断而有力。一面花打完后，迅速后撤右脚还原成预备势。

一面花右路正法：

（1）我方右脚向右方上步，摆左掌对准对方，对方左脚后撤，摆左掌堵截我方。

（2）我左脚快速向前上步，收左手，右掌变凤眼拳，快速向对方面部弹击，造成对方被动。

（3）我右脚用力蹬地，向对方中部蹬脚，脚尖勾起，同时左掌向对方面部伸去，右拳收于腰间。

（4）我右脚跟用力，向对方右脚内侧插地，右拳向对方胸部击打，左掌置于右臂内侧，防止对方的反击。

【实战要求】手法、脚步在移动中，动作要成为一个整体，身体要有绷劲，发力要有弹性，使自己处于能进能退之中。一面花打完后，迅速还原成预备势。

一面花左路反法：

（1）对方左脚向左侧前方跨步，摆双掌，右掌在前欲攻我。我左脚快速向左方跨步，双摆掌，左掌在前，让开对方的攻击位置。

（2）对方左脚忽然上步，以右掌戳我面目，左掌置于右臂内侧，猛攻我。我右脚蹬地，向左后闪开对方的攻击，同时左掌变拳向对方面部弹拳反击。

【实战要求】此招为正闪招法。动作要快、轻巧，看准时机，根据对方进攻的不同速度，打开角度不同的变化，可自由掌握，左手始终在前，手在何处便在何处击人；右手要隐蔽，随时准备反击对方的攻击，来应付场上的变化。闪打为峨眉手法之绝手，可配合直射虎、倒身蹬的组合用法。

一面花中路反法：

（1）对方左脚向前上步，用左拳猛攻我头部，我左脚向左前方跨步，右掌快速向对方面目伸出，左掌隐藏在右臂内侧，目视左掌。

（2）我右脚用力蹬地，脚尖勾起向对方裆部蹬伸，同时左掌快速向对方面目伸出，右手置于腰间。

（3）我右脚跟用力向对方左脚内侧插地，右拳用力向对方胁隙弹击，左手置于右臂内侧。

【实战要求】对方攻击时，我用让开打到之法，动作迅速，勇猛有力，使对方第二手来不及发出。我打完一面花，可用套步后撤步或左转体，用右脚蹬对方的裆腹部。

一面花右路反法：

（1）对方左脚上步，出右掌攻击我面目，我身体右转，同时用右拳弹对方的面目。有时对方进攻的速度太快或距离近，就需要转体、不撤步直接反击对方。

（2）我右脚抬起，向对方裆部蹬伸，同时左掌快速插向对方面目，右手置于腰部。

（3）我右脚跟向对方左脚外侧插地，在实战中可以用脚跟用力向对方左脚背上踩踏,同时右拳快速向对方胁隙弹击。

【实战要求】反闪要迅速、准确。右转体、弹右拳动作要自然协调。反闪打与一面花衔接要顺,关键在腰部的转动。打完一面花后,还原成预备势。应强调的是,峨眉拳打完一面花要快速还原预备势,以防对方的猛攻。你打你的,我打我的,这是峨眉拳在技击中比较明显的特点,同时也便于做下一个动作。

(七)单插花

(1)身体向前移,稍向右拧腰,左脚蹬地,从右脚后插步伸腿,脚尖点地,两腿成交叉步,右腿外展,屈膝成右弓步;左掌臂内旋,掌心向外,拇指向下,掌指向前,右凤眼拳变满拳,手臂内旋向前伸,拳眼向内;目视右拳。(图3-59)

(2)身体以腰为轴,向左猛转,左腿随右脚后滑步,成左弓步,右脚经左脚前向后快速划地,腿伸直,脚跟离地;同时两拳变掌,经体前划平弧,掌心向下,掌指向前;目视两指。(图3-60)

图3-59

图3-60

【动作要求】后插步、伸拳和划弧前摸动作快速协调一致。当对手出左拳向我面部击打，我左脚快速插进对方左侧，左手托刁其左前臂，右手用力摸对方颈部，同时右脚向后猛绊对方前腿，将其向前斜方摔倒。

【技击含义】对方左脚上步，用左拳向我头部击打，我身体向其左侧稍闪开，左脚向右脚后插步，同时左手刁抓对方左手腕，右掌伸向对方背部。

我身体左转，右脚以脚跟猛向后击扫对方左前腿，左手拉对方左手向前用力，右掌用力从其背部、颈部、后脑依次向前推，破坏对方的身体重心，使其向前摔跌。

【实战要求】后插步、伸掌和前推动作一定要快速、一致。如用单插花攻击对方，在双方顺势站立时，破坏对方前脚快速插步，运用此法摔效果更好。

（八）野马抛尾

（1）躯体向前倾，左腿支撑，右脚向后上方蹬出，脚尖勾起；左手撑于地面，右掌变拳置于体侧；目视后方。（图3-61）

图3-61

（2）身体向下抬，稍右转，左脚跟离地，右脚经左脚内侧向前跨一大步，成右高弓步；左手掌置于腹部，右手臂随势落于体侧；目视后方。（图3-62）

（3）身体上起，向后转180°，左脚向前跨步，右脚外旋，两腿直立；左掌从腹部向前伸出，右掌置于裆部，目视左掌。（图3-63）

图3-62　　　　　　　图3-63

【动作要求】倒身蹬脚要快速有力，蹬的高度要根据对方身高及所击之上、中、下三个部位而定。当对方抓我右手臂时，我向前扯对方，同时倒身用右脚蹬对方的裆部。

【技击含义】双方相持，对方右手欲攻击我，我以右手顺势快速抓握对方的手腕。对方用左手搭在我右手背上，欲用缠腕法拿我，我顺势左转体，右臂内旋，向前扯对方，左掌置于胸前；目视对方。我身体前移倒体，以右掌拉对方，使其向前倒体，同时用右脚猛蹬踹对方裆部。

【实战要求】当对方擒拿时，我转体、蹬脚要快速有力。如对方松手,应防其攻击。我右脚蹬完后向前跨步走之,成预备势待敌。

(九)闪打

(1)身体向后移,左闪半步,左脚蹬地向左后方退步,膝关节弯曲,右脚尖勾起;左掌变凤眼,随左闪向前弹出,稍高于肩,右掌变拳置于腰间;目视左拳。(图3-64)

(2)身体向前移,左脚蹬地向左前方上步,右脚掌落地,两腿站立;左拳变掌前伸,右掌变拳置于裆部;目视左掌。(图3-65)

图3-64　　　　　　图3-65

【动作要求】左脚向左前方退步45°,为最佳角度。在左脚没落地时,左拳即弹出,打敌来的位置。以侧身对敌,减少被攻的面积。当对方左拳向我攻击时,我左闪,同时用左拳弹击对方面部。拳论曰:"你打我打先打你,欲动即动就动拳。"

【技击含义】对方跨左脚用左拳向我面部击打,我左脚向左后方撤步,同时用左拳击打对方面部,注视左拳。

【实战要求】闪打的最佳角度为45°,在实战中遇到的对手个子高低不同、速度不同、技艺不同,就要根据自己正确的判断来闪开不同的角度,运用的手法也应不同。闪打可连接一面花或转身蹬等动作。

(十) 进步摔

(1) 身体向前移,左转90°,左脚向前跨步,右脚跟离地,成跟步;同时左掌变拳置于右臂内侧,右掌变拳向前伸出,成立拳;目视右掌。(图3-66)

(2) 身体向前移,右转90°,左脚跟离地,右脚蹬地向前跨一大步,成跟步;左拳向前伸出,成立拳,右拳置于腹前;目视左拳。(图3-67)

图3-66　　　　　　图3-67

（3）身体向前下方移，左转体90°，左脚向前跨步，右脚跟离地，小腿似触地；右拳收于体侧，左拳变爪向前下方伸；成右跟步；目视左手。（图3-68、图3-69）

图3-68

图3-69

【动作要求】上步、伸拳速度要快。第一步右拳往对方面部击，乱其神，第二步左拳击向对方面部，逼敌后退，上第三步时，左拳变爪抓对方胸襟，向后推，右拳变爪抱抓对方前腿往上掀，将对方往后摔倒。

（4）身体向上抬，打一面花，随即向左转45°，左腿屈膝支撑全身重量，右脚蹬地向前伸腿，脚尖勾起；左拳变掌向前伸，右拳置于腰间；目视左掌。（图3-70、图3-71）

（5）身体向前移，左转90°，左脚跟离地屈膝向下，右脚向前猛深入地；同时左掌变拳置于腹前，右拳变半拳向敌方裆腹部弹击；目视右拳。（图3-72）

图3-70　　　　　　　　　图3-71

图3-72

【动作要求】上步、伸拳动作迅速敏捷，上下配合协调。摔法要干净利落，即要左手用力下按对方的颈部，同时右手猛掀其左腿。无论伸左手或右手、上左步或右步，都要尽量侧身对敌，动作随时可以变化。

【技击含义】对方右掌向我面部伸插，我上右脚、出右手盖压其掌，同时左拳向对方面目弹击，迫使对方身体后移，目视左拳。对方身体右转，右脚向后撤步，左掌向我面部伸来，我左脚快速向前上步，用左掌盖压对方左掌，同时用右拳弹击其面目。我以左手向对方颈部伸出，对方顺势刁抓我左手腕，我屈左肘顶撞对方胸部，使其身体向后仰。我左脚向前跟步，靠近对方，用全身之重量靠撞对方躯体，使其向后倒。我用左手抓卡对方的喉咙，向后下方按压，右手向上搬对方的左腿，向后掀撤对方。

（十一）拐打

身体向右前方闪，转体90°，左脚内扣，腿伸直，右脚蹬地向右前方跨步，成右斜弓步；左拳变半拳，用力向对方裆、腹部弹击，拳心向内，右拳置于腰间；目视左前方。（图3-73）

【动作要求】跨步、闪身、弹拳动作一致，左手臂要贯力，力点在拳面。当对方用右拳向我面部击打时，快速向右闪开，同时用左拳向其裆部弹击。

图3-73

【技击含义】

（1）对方用双手顺把抓握我右手前臂，我左脚后撤半步，同时左手置于体侧准备反击，右拳握紧，前臂稍内旋，左臂自然垂于体侧，注视对方。

（2）我身体忽然右闪，右脚向右前方跨步，左脚自然跟步，同时右手内旋，向下猛抖手臂解脱对方双手的抓把，左拳快速向对方胁隙击打。

（3）对方用右拳反击，向我头部击打，我右脚向对方左后上步，身体向左转，同时右拳向对方头部击打，左手藏于右臂内侧，目视右拳。

【实战要求】闪身拐打，跨右脚的同时左拳已打完。在实战中，根据对方的个子高低，可打头部、胁部、裆部。拐打后，一是转身再打，二是转身套让避闪。

（十二）四门桩

（1）身体左转135°，左脚稍外旋，膝关节弯曲90°，右脚蹬地向左脚并拢；左拳变掌，成立掌，掌心向内，掌指向前，右拳变掌，手臂外旋，掌心向上，掌指向前，以右上臂扣击左掌；目视右掌。（图3-74、图3-74附图）

（2）身体稍向上起，右转30°，左脚不动，右脚向右滑步，右脚跟提起，成左弓步；左臂内旋，手背屈90°，指尖向上，掌心向外，置于右胸前，同时右臂内转，右掌变勾向后挑，勾尖向上；目视前方。（图3-75、图3-76）

图3-74

图3-74附图

图3-75

图3-76

（3）身体右转135°，左脚内扣，腿伸直，右脚蹬地向右斜方跨步，成右弓步；左掌外旋，掌心向上，置于右胸前上方，右掌变勾，手臂内旋随即外旋，上提右勾手，勾尖置于左掌心上；目视左前方。（图3-77~图3-79）

（4）身体起；左膝抬起，右腿伸直，成独立势；目视左前方。（图3-80）

图3-77

图3-78

图3-79

图3-80

（5）左脚面向左前上方弹踢；目视左脚。（图3-81）

（6）身体向前下方移，同时左脚向前方落地，右腿伸直脚内扣，成左弓步；左掌向下、向上、向前上方用力猛挑，右勾手变掌向后挑；目视左掌。（图3-82）

图3-81

图3-82

【动作要求】并步、撤步、提膝踢腿、撩掌动作要连贯自如，匀滑轻盈，快慢相同，手法和步法的变换柔和而又有弹力。当对方抓我右臂时，我并步收右臂，用力内旋滚动即可摆脱。随即对方用右脚踢我下部，我右手向后勾对方的腿部，同时转体，左手接抱其腿，用左脚踢敌方裆部或面部。落左脚后，左臂挑对方颈部，向左后方摔。

【技击含义】

（1）对方双手顺把抓我右前臂，我身体左移，右脚蹬地，向左脚内侧并步，屈膝半蹲，同时右手臂外旋，可解脱对方的抓臂，注视对方。

（2）对方上步快速用左脚攻我腰部，我右掌变勾，手臂内旋，向后勾对方踝关节，同时右脚向后撤步，可使其左脚向左侧化劲，目视对方。

（3）我身体向左侧倒45°，同时右脚用力蹬对方膝关节。

（4）对方用左拳击打我面部，我向右转体，同时左手接抱对方的左腿向上掀。

（5）我左脚快速向对方右脚内侧插步，用大腿前顶对方裆部，左手前臂快速向对方颈部左侧插下压其肩，右手往上掀对方左腿，向后摔对方。

【实战要求】当我解脱被对方抓控的前臂时，可上右脚直接打直射虎。搂对方腿部时身体要闪开，右脚快速反击，力点在脚跟。摔对方时，利用身体前移的速度和重量挤靠对方，如对方力量大，可用左脚绊对方右腿。

（十三）四门桩

（1）身体右转90°，左脚用力蹬地向右脚并拢，脚尖点地，右膝关节屈90°；成左丁步；左掌臂外旋，肘关节屈90°，掌心向上，用前臂内侧撞右掌，右掌置于左臂内侧；目视左掌。（图3-83、图3-84）

图3-83

图3-84

（2）身体重心稍后移，微左转，左脚向后撤步、伸腿，脚跟离地，右脚不动，成右弓步；左掌变勾内旋向后伸，勾尖向上，右掌置于左胸前；目视左侧。（图3-85）

（3）身体左转180°，左脚向左斜方跨半步，屈膝90°，右脚内旋，腿伸直，脚跟离地，成弓步；左勾手外旋上提，勾尖向下，右掌向下、向上、向前绕至胸前，托左勾手；目视右前

方。(图3-86、图3-87)

(4)身体向上起,右脚用力蹬地,提膝成独立势;目视右前方。(图3-88)

图3-85

图3-86

图3-87

图3-88

（5）右脚用力向右前上方踢击；目视右脚。（图3-89）

（6）身体重心向前移，左脚内扣，右脚迅速向前落一大步，成右弓步；左勾手变掌向左伸，右掌向下、向前、向上挑；目视右掌。（图3-90）

图3-89　　　　　　　图3-90

（十四）套让

（1）身体重心后移，头向上领，左脚随右脚后让，右脚向后撤步，两腿交叉；左掌变单指掌向下置于体侧；目视右前方。（图3-91）

（2）身体向上起，左脚向后撤步，两腿站立；左单指掌变散掌置于裆部，右单指掌变散掌向前上方伸出；目视右掌。（图3-92）

图3-91

图3-92

（十五）右拦门肘

（1）身体向右侧倒，右脚向前跨步，成右弓步；左掌变拳，左臂屈肘90°架于头部上方，右掌变拳内旋，屈肘向内向下绕，向前顶肘部，拳心向外，肘与肩同高；目视右前方。（图3-93）

图3-93

（2）身体向左侧倒，重心往前带，左脚稍向外旋，右脚用力向斜上方蹬出；左拳下落于腹前，右拳置于体侧；目视右脚。（图3-94、图3-95）

图3-94　　　　　　　图3-95

【动作要求】上步拦肘动作要一致，全身力量集于前臂来撞击对方的胸部，撞击后要快迅蹬对方，撒步成陈势。当对方抓我前手或用擒拿缠腕，我突然快速向前跨步，屈肘顶对方胸部，使其重心后移，招发不出。如对方施力抗衡，可顺势倒体，同时右脚向敌裆部、面部蹬出。

【技击含义】对方右手刁抓我右手往里拉，欲用摔法，我右手臂前送于对方，侧身对敌。我右脚向对方左脚外侧跨步，屈肘顶其方胸部，拦截对方，使其发不出招来，左掌置于胸前。

我突然左转体，拉对方右手臂，身体背对对方，带动其身体向前倾斜。我向左侧倒体水平于地面，右手抓紧对方右手腕，同时右脚用力向对方胸襟猛蹬。

【实战要求】拦门肘亦称闭门肘，速度要快，全身的力量集于前臂来撞击对方的胸部，破坏其重心，无论对方力量大小，均可转身用右脚蹬对方的胸腹、裆部。这样比较保险。

（3）身体前移、上抬，右脚向前跨一大步，成右弓步；左拳置于腹前，右拳臂稍内旋后伸；目视后方。（图3-96）

（4）身体前移，左脚向前跨一大步，成左弓步，身体向上起，右转180°，左脚内旋，右脚随右转体向后撤步，成站立势；左拳变掌向前伸，右拳变掌置于裆部；目视左掌。（图3-97）

图3-96

图3-97

（十六）左拦门肘

（1）身体向左侧倒，左脚用力向前跨一大步，成左弓步；左掌变拳屈肘内旋、向内、向下、向前绕撞击，手臂与肩同高，右掌向上绕至头部架掌；目视前方。（图3-98）

（2）身体向右侧倒，右脚外旋，左腿屈膝，同时左脚迅速蹬地向斜上方蹬出；左拳置于体侧，右拳置于地面或胸部；目视左脚。（图3-99~图3-101）

图3-98　　　　　　　　　　图3-99

图3-100　　　　　　　　　图3-101

（3）身体向上移，上抬，稍左转；左脚向前跨一步，成左高弓步；目视后方。（图3-102）

（4）身体前移，右脚向前跨步，成右高弓步；目视后方；身体向上起，稍左转；左脚稍向前移步，成站立势；左拳变掌向前上方伸，稍高于肩，右拳变掌置于裆部；目视左掌。（图3-103）

图3-102

图3-103

（十七）指东打西

（1）身体向前下方移，左转90°，左脚向前跨一步，右脚跟离地，成左弓步；左掌置于右臂下侧，掌心向下，掌指向前，右掌变凤眼拳向前弹击，拳稍高于肩，拳心向内；目视右拳。（图3-104）

图3-104

（2）身体稍向右移，右转90°，左脚跟离地，右脚向右前方跨步，成右弓步；左掌变半拳从右臂下向前方弹击，拳心向下，右拳变半拳置于腰间，拳心向上；目视左拳。（图3-105）

图3-105

【动作要求】伸右手（假手）时，动作要逼真，造成对方判断失误，刹间右脚上步，出左拳，动作要协调。肩肘关节要放松，弹拳速度要快，左右手前后有一股撕劲。如对方左拳正面向我击来，我先伸右手托其左臂护我面部，分散对方注意力，接着右脚往对方左侧上步，避开对方的攻击，同时左拳猛击对方软肋。

【技击含义】双方相峙，对方欲防带攻做小让动作，我随之上左脚，以右拳向对方面目直伸，虚晃对方，左掌置于右上臂内侧暗藏杀机，以护门面，目视对方。我右脚快速向前方上步，闪开对方正面攻防位置，同时用右手向里拨对方左手臂，左掌变半拳用力向对方胁隙弹击。

【实战要求】右手假动作要逼真，上步弹左拳要快速、协调、自然。打完后，一是我可用套步让法，或撤步还原陈势，二是用左直射虎连续攻击对方。

（十八）拦门拳

（1）身体向后移、抬高，成高桩势；稍右转，右脚蹬地向后撤步，身体顺势向左前下方移动，向体前倾斜，左脚迅速向左前方跨步，成马步；左拳向上、向下、向里绕，向前弹击，右拳向后上方伸，拳心向下；目视左拳。（图3-106、图3-107）

图3-106

图3-107

（2）身体向后移，上起，左脚蹬地向里撤半步，两腿站立；右拳变掌置于裆部，左拳变散掌前伸；目视左掌。（图3-108）

图3-108

【动作要求】动作由高突然变低,同时左脚即向对方中门跨步,左拳向其裆部、腹部弹击,上下动作协调一致,发力在一个点上。当对方上右步用左拳向我面部攻击时,我身体突然前倾避开其攻击,同时左脚向对方右脚内侧跨步,左拳向对方裆部弹拳。反击后要迅速还原陈势,以势待敌。

【技击含义】双方对峙。手臂前伸,是峨眉拳的陈势,主要是充分利用一臂之长设置障碍于敌,手指对准对方面部可用来迷惑对方。对方突然左脚向前顶步,直接用右拳击打我面部,我快速下蹲,左脚向前跨步,成马步,身体向体前倾斜,向下闪开对方的攻击,同时左拳握紧用力弹击对方裆部。

【实战要求】陈势变拦门拳动作要突然,速度要快,左脚向前跨步时,看准时机,即对方左脚上步时,我左脚往对方脚踝关节蹬,可用来堵截对方的进攻,由于向前用力惯性大,上身向前倒体,我左手可抱其左腿,右手抓握其左手臂扛摔对方。

(十九)劈山靠

(1)身体向前移,再后移,为增加动作的前冲惯性力做准备;左脚向前跨一步,再后撤半步,成左高弓步;目视左掌。(图3-109)

图3-109

（2）身体向前移，左转180°，左脚外旋，右脚向前跨一大步，成右弓步；左掌向下、向里、向上绕至右肩内侧，掌心向外，掌尖向上，右掌向上、向前下方劈至裆部；目视右前方。（图3-110）

（3）腰部发力；左拳变拳内旋向后伸，右掌变拳内旋用力向上挑，两拳心向外；目视右拳。（图3-111）

图3-110　　　　　　　　图3-111

【动作要求】抢劈要迅速，在上右弓步的同时完成靠敌劈挑动作。右臂绷拳要有股拧劲，以前臂滚动击打对方的下颌。当对方左直拳向我进攻时，我左臂抢开其左臂，同时右手臂抢劈对方的面部，右脚迅速跨在对方左侧，右臂迅速上滚对方的颈部。

【技击含义】对方跨左脚抡左拳向我头部砸击，我以左拳臂架拦，往外化解对方的左臂直力。我右脚快速向对方左腿外侧跨步，同时右拳往上、往前抡砸对方的面部，手臂置于其颈部，左手刁抓对方的左手臂。我身体靠对方躯体，右脚向前跨步,同时右手臂外旋拧滚对方颈部下压,可将对方摔倒。

【实战要求】左臂架挡、右拳往上抡砸、上步动作要协调一致,快如风。做大抡臂、大劈砸、大跨步,猛往前靠,右臂往上挑、拧、滚、压依次完成。劈山靠有攻、守两种用法,一是当对方进攻我时,我前手臂架格其进攻手臂,快速抡劈对方,你劈我也劈。二是我虚晃对方,佯攻对方,使对方产生错觉,我快速上步抡劈对方。峨眉拳是一种技击性较强的拳术,对技艺要求较高,同样一个攻守动作要求左右式都要娴熟,在交手时,去掉多余的换式动作,即可提高成功率。

(二十)劈山靠

(1)身体向后移,成丁步,身体往上起;右脚蹬地向后撤步,成弓步势;右臂向左、向上、向右大轮劈;两手心相对,稍屈肘、下落;目视右拳。(图3-112、图3-113)

图3-112

图3-113

（2）身体向前移，右转180°，左脚跨一大步，成左弓步；同时左拳变掌由上向下劈，置于左腿内侧，右拳变掌由下向上经面部向前绕至左肩；目视左前方。（图3-114）

（3）身体向左右崩劲；左右掌变拳内旋向体侧崩挑；目视左拳。（图3-115）

图3-114

图3-115

（二十一）搂推

（1）身体左转90°，右脚蹬地置于左脚内侧，脚尖点地，成右丁步；同时两拳变掌置于膝前，掌心向内，掌指下垂；目视前方。（图3-116）

图3-116

（2）身体右转180°，左脚随右脚向后转上步；同时左右掌随体转划弧搂抓，掌置于膝前；目视左前方。（图3-117）

（3）身体向前移，稍右转，左脚向前跨一大步，右脚跟离地，成左弓步，同时双掌用力向前推出；目视两掌。（图3-118）

图3-117　　　　　　　图3-118

【动作要求】双掌划弧向里抓，力贯十指，向前推掌发力抖动要猛，力点集于掌外侧缘，"力从脚跟发，达于腰，腰达于肩，肩达于肘，肘达于掌，意念领先"。当对方抓我胸襟或双手臂时，我双手划弧绕其手臂，反抓对方向里拉扯，如对方后撑，顺势上步用力推其胸腹部。

【技击含义】对方用右手刁抓我右手腕，我侧身对敌，右脚往对方左脚处上步，注视对方。对方左手腕掰我右手腕，我身体后移，同时右脚后撤步，左脚上步，左手用力抓握对方右手臂，向腹部猛劲回拉。我抬右脚向对方左侧或裆部跨步，以脚跟插地，两手用力向前猛拧推对方左右手臂，使其身体后倒。

【实战要求】上步搂推要猛、快。后拉手臂时要蓄劲，全身之力集于双手上，意念要放在对方身后，意比形长，即可暗打出透力来，造成对方的内伤。我抓握对方手臂时，要有一股化解之力，其目的是快速将对方手臂置于腹部，然后猛抖全身之力，力贯手掌，以爆发力将对方推出。

（二十二）搂推

（1）身体向后移，再前移；左脚蹬地向后撤半步，顺势再向前跨半步，右脚向前上步，脚尖点地，成右丁步；左右掌变爪向左、向内、向右、向前划弧绕抓，置于膝前；目视前方。（图3-119、图3-120）

图3-119

图3-120

图3-121

（2）身体向前移，稍右转；左脚跟离地，右脚向前跨一大步，成右弓步；左右手向前用力搂推；目视两手。（图3-121）

（二十三）倒插针

身体右转90°，左脚向前跨一大步，重心往前移动，成左弓步；左手变单指掌向前上方伸，右手变单指掌向后伸；目视左手。身体重心向下移，左膝关节屈，

图3-122

右腿屈膝下落触地；同时屈左肘下沉，右单指掌变拳内旋，稍下落；目视左手。（图3-122）

【动作要求】上步、伸臂、下沉动作要连贯，目标要准确。对方上步，用右拳向我面部击打，我左脚迅速往对方右腿外侧上步，同时手臂向对方颈部前伸，沉肘下压，重心下落，将对方摔倒。

【技击含义】对方双手抓握我左手臂并后拉，我侧身顺之，右手自然置于腹部，目视对方。对方向后拉我，左脚后撤，我顺势左脚前跨步插入对方身体后,左手臂外旋划弧解脱对方双手,直接向其颈部伸,往下压,同时右手刁抓对方右手。我身体往下沉,左臂屈肘顶对方心窝部,将对方向后摔倒。

【实战要求】动作要连贯、快速。当对方进攻我时,我上步伸臂。此法为倒插针,我主动进攻对方时为顺插针。无论进攻、反攻都要巧妙地掌握好时机、动作的角度。例如,对方双手抓我的双肩,我身体快速右转拧身、左手臂插对方的颈部,同时左脚往其身后跨步绊对方右脚,也可将对方摔倒。所以说,在面对高手时,打与摔、打与拿、拳打脚踢要综合地运用,学者切记。

(二十四)探爪

(1)身体向上起,右转90°;左脚内旋,右脚回收,腿伸直,脚尖勾起;同时左掌置于右臂内侧,右拳变勾手屈肘置于面部前,食指、中指向前对敌;目视右手。(图3-123)

(2)身体前移,右脚向前跨步,成右弓步;右勾手用力向前伸抖;目视前方。(图3-124)

图3-123

图3-124

（3）身体向前移，右转90°；左脚向前上步，腿伸直，脚尖勾起；左臂屈肘，左勾手置于面部前，勾指向前，右手置于左肘关节；目视左手。（图3-125、图3-126）

图3-125　　　　　　　　图3-126

【动作要求】上步抖手动作一致，要快速用力，力点集于拇、食、中三指上。当对方抓我肩，我转体，同时屈肘关节用前臂击打其手臂。对方转到我体前时，用刁勾手弹其面部。

【技击含义】对方右腿上步，左拳向我面目击打，我右脚跟向对方左脚背上踩，同时右臂屈肘外挂对方左臂，注视对方。我以右勾手弹击对方面目，左手藏至右臂内侧。对方身体左转，右脚后撤步，同时右拳向我面目击打，我左脚快速上步，身体向右闪开，左臂屈肘外挂对方右拳臂。我左刁勾手快速有力向对方面目弹击。

【实战要求】刁勾手弹击要快速、连贯，上下肢协调，前脚落地，前手即出，侧身对敌，有利于防守和衔接下一个动作的攻击。

(二十五) 甩裆掌

（1）身体向上起，稍前移，左转180°；左脚掌落地外旋，右脚向前上步，脚尖点地；右勾手变掌外旋向前上方伸出，掌心向上；目视右掌。（图3-127）

（2）身体向前下方移，左脚向体右侧滑步，右脚向右侧跨步，成马步；左掌向后上方抖，右掌向右侧方甩掌；目视右手。（图3-128）

图3-127　　　　　　图3-128

【动作要求】右掌猛向上方伸，破敌之神（注意力），突然下落滑马步，同时右掌向对方裆部弹击，速度要快，力点在手梢上。对方左拳向我面部击打，我右掌托其肘臂，使对方拳力点改变，右掌向对方裆部弹击，还可上步顶肘来撞击对方心窝。

【技击含义】对方左拳击打我面目，我向右闪开，左手拨对方左拳，右手掌突然向对方面目上伸，乱其之注意力，注视右手。

【实战要求】甩掌力点集中于右手指梢。动作完成后，我要迅速还原成预备势，或用右脚倒拖裙勾拉对方左脚将其拖倒。

（二十六）套让

身体向后移，右脚蹬地向后撤步，两腿屈膝，成交叉步；左臂屈肘置于右肩，掌心向外，右掌散开置于体侧下沉，掌心向内，掌指向下；头向上领，目视身体右侧。随即身体上起，左脚向左撤步，两腿站立；左掌置于裆部，右掌向前伸；目视右掌。（图3-129）

图3-129

图3-130

（二十七）七星点

（1）身体右转90°，左脚内旋，膝弯曲45°；右脚点地置于左脚内侧，成右丁步；左右掌变拳置于裆部前；目视右前方。身体向前移，右转45°，左脚跟离地，右脚向右前方跨步，成左跟步；左拳从裆部向右前方弹，拳心向下，右拳臂屈肘架于头部；目视左拳。（图3-130）

【动作要求】跟步落地，同时左拳弹出，力达拳面，腰背肌充分拉开。对方用左拳向我头部击打，我右臂架其左臂，同时右拳向对方面部或心窝弹击。

【技击含义】对方左拳向我头部击打，我右脚快速向右前方跨步，同时右臂屈肘架挡对方左臂，左拳快速向对方面目弹击，目视对方。

【实战要求】跨步、架挡、弹拳动作要同时完成。如果对方左脚后撤，用右拳反击我头部，我左脚快速上步，左臂屈肘，右臂弹对方面目，也可弹击对方心窝。

（2）身体向前移，稍微右转，左脚蹬地置于右脚内侧，成左丁步；两拳下落置于裆前，拳心向里；目视左前方。身体向左前方移，左转45°，左脚向左前方跨步，右脚跟离地，成右跟步；左臂屈肘架于头部，手臂内旋，拳心向外，右拳向左前方弹击，拳心向下；目视右拳。（图3-131）

图3-131

（二十八）鸡蹬步

（1）身体上起，后移，向右转45°；左脚蹬地向后撤步，置于右脚处，随即左右脚向后滑步半尺左右；左拳臂向下盖，右拳向里、向上绕，从左臂上向前弹击，拳心向下；目视右拳。

(图3-132、图3-133)

（2）身体前移，稍右转；左右脚同时向后滑步；左拳经右臂上向上弹击，拳心向下，右拳向前、向下盖，置于胸前；目视左拳。（图3-134、图3-135）

图3-132　　　　　　图3-133

图3-134　　　　　　图3-135

【动作要求】盖拳、弹拳时,要含胸拔背,后擦步不可腾空,上下肢协调。如对方向我胸部冲拳,我右臂盖其冲拳手臂,同时向后滑步,左拳向对方面部弹拳。

【技击含义】对方右拳向我胸部冲拳,我右臂屈肘下盖对方右前臂,左拳置于腰部,注视对方。我两脚用力蹬地向后滑步,含胸拔背,同时右手外挂对方臂往前带,迫使对方右脚上步,离我距离近,同时我左拳快速向对方面目弹拳。

【实战要求】两脚向后滑步,不要向上起跳,力达拳面。动作要轻盈、协调。

(二十九)拦门式

(1)身体向下移,右转45°;左脚向左侧滑步,脚跟离地,右腿弯曲,成左跟步;做半拳单指向下、向右划弧,掌心向下,右拳变单指掌划弧置于腹前;目视前方。(图3-136)

(2)身体向左转移,右脚向后撤步,脚跟离地,成右跟脚;左右掌随身体左移摆掌;目视前方。(图3-137)

图3-136　　　　　　图3-137

（3）身体向下移，右转45°；左脚向左侧滑步，脚跟离地，右腿弯曲，成左跟步；做半拳单指向下、向右划弧，掌心向下，右拳变单指掌划弧置于腹前；目视前方。（图3-138）

（4）身体向左转移，右脚向后撤步，脚跟离地，成右跟步；左右掌随身体左移摆掌；目视前方。（图3-139）

图3-138　　　　　　　　图3-139

【动作要求】退步、移身、摆掌动作一致，协调自然柔和，做到头向上领，意到四梢，"手如三春杨柳，步如风摆荷叶"。拦路势即是十字步的倒行步，左手掌始终对敌，掌随身法摆动，用来迷惑对方，随即变换反攻击的姿势，来破敌之进攻。步法是与手法、腿法综合运用的。

【技击含义】双方对峙。对方左脚向前上步，右掌向我面目前伸，我身体后移，左脚向左后斜方滑步，同时手向下划弧，左手指指向对方，注视对方。对方快速前移，右脚向右前方跨步，右掌收于胸前，左掌散开快速用力向我面部伸出，我头向上领，右脚向后滑步，左掌随身体左移，手法轻飘，神态自然。对方左脚快速上步，以脚跟踩踏我左脚背，我稍后让，左脚前跨，同时左掌直接向对方面目伸插，右掌下盖对方左手。

【实战要求】我反击对方所运用的这种步法与打法是峨眉拳的高级技法。时机要准，步法要活，角度恰当，眼明手快，头脑清醒。

（三十）套让

（1）头向上领，上拔躯体，身体后移，稍右转；左脚蹬地，经右脚内侧向后撤步，两腿交叉，成套步；左单指掌向下沉，掌心向右，掌指下垂，右单指向上置于左肩；掌心向外，掌指向上；目视左前方。（图3-140）

（2）身体向上起，稍右转；右脚向后撤步，左右腿挺直成站立势；左单指掌变散掌向前伸，右单指变散掌置于裆部；目视左掌。（图3-141）

图3-140

图3-141

（三十一）鞭拳

（1）身体重心往后；前顶左拳（图3-142）。身体右转180°；左脚内旋，以前脚掌碾地，脚尖勾起，两腿成交叉步；左掌变拳置于胸部，右拳变拳用力随身体向上向后平摆，与头部同高，拳心向下；目视右拳。（图3-143~图3-145）

（2）身体向后移，左转180°；左脚向后撤步，随即右脚向后撤步，成站立势；左拳变掌前伸，右掌变掌置于裆部；目视左掌。（图3-146）

图3-142

图3-143

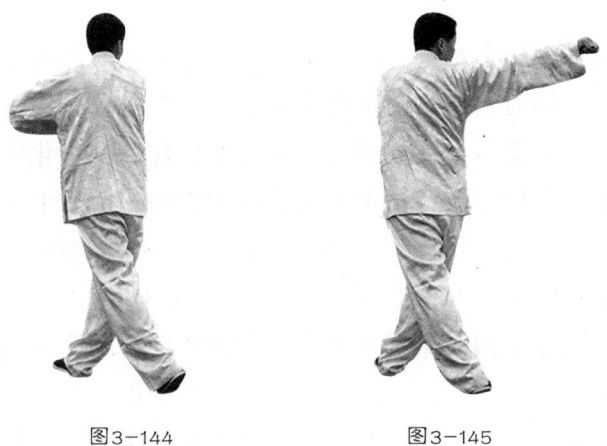

图3-144　　　　　图3-145

图3-146

【动作要求】转体时，头部领先，看准被击目标，迅速平抛拳，拳要握紧，力点在拳轮。如对手连环拳猛烈向我攻击，或混战时，我突然向右转体避开其进攻，右拳抛击对方头部或颈部。此招太狠，不可轻用。

【技击含义】对方右脚上步，用左拳向我面部击打，我身体后闪，同时右脚切对方踝关节，堵截其进攻，左手反刁勾对方右臂腕关节，注视对方。对方左转体，左拳化解我的刁手，用右拳快速向我面部弹击，我左脚向左前垫半步，身体右转180°，右脚随转体后撤步，左刁手向下划弧绕至对方右臂外侧向里挂。我快速右转180°，左脚内旋，右脚外旋，两腿呈交叉步，同时右手握紧拳，随转体向后摆，击打对方头部或耳门。

【实战要求】转体、摆拳快速用力。在实战中，如遇凶狠之歹徒猛烈向我攻击时，方可运用此招，此招太狠，不可轻用。

（三十二）收势

（1）身体后移，左脚向后撤步，脚尖勾起，成左高虚步，右脚随即向后撤步；左右掌置于胸前，掌背相对，掌尖向上；目视前方。（图3-147）

图3-147

（2）身体稍后移，右脚后撤半步，左右脚距离与肩同宽；两手臂外旋，捧气贯顶，至头上方，手臂内旋，掌心向外，左右手宽于肩；目视斜上方。（图3-148、图3-149）

图3-148

图3-149

（3）身体直立，左右随屈肘稍内旋，掌心向下，掌指相对，经面部、胸部、腹部下按，手心向下，自然呼气；目视前方。（图3-24）

（4）身体微向右移，左脚向右脚并拢，手臂下垂于体侧，成立正势；目视前方。（图3-150）

图3-150

第四章　四路峨眉拳

第一节　四路峨眉拳拳谱歌诀

开始慢练四路拳，搬搹绞挑来制肘。
横劲化力要先传，扛压一法是秘传。
藏步金丝去裹腕，锁臂叉喉暗机关。
揉搂勾沉看机缘，二郎转身把担山。
回身叶底藏花式，掰肘能打身后拳。
屈肘盖压力才全，翻腕挑腿把人按。
童子推窗把帘卷，力士磨开泰山石。
顶勾沉滚在里边，金钩钓鱼先锁肩。
折法要用裹肘折，倒插金针是化力。
回身迎面要有拳，锁喉把住去来关。
扣手晃身发虎威，抽身双拳封门户。
插步抖肘别法连，拜师再把五路传。

第二节 四路峨眉拳路线图

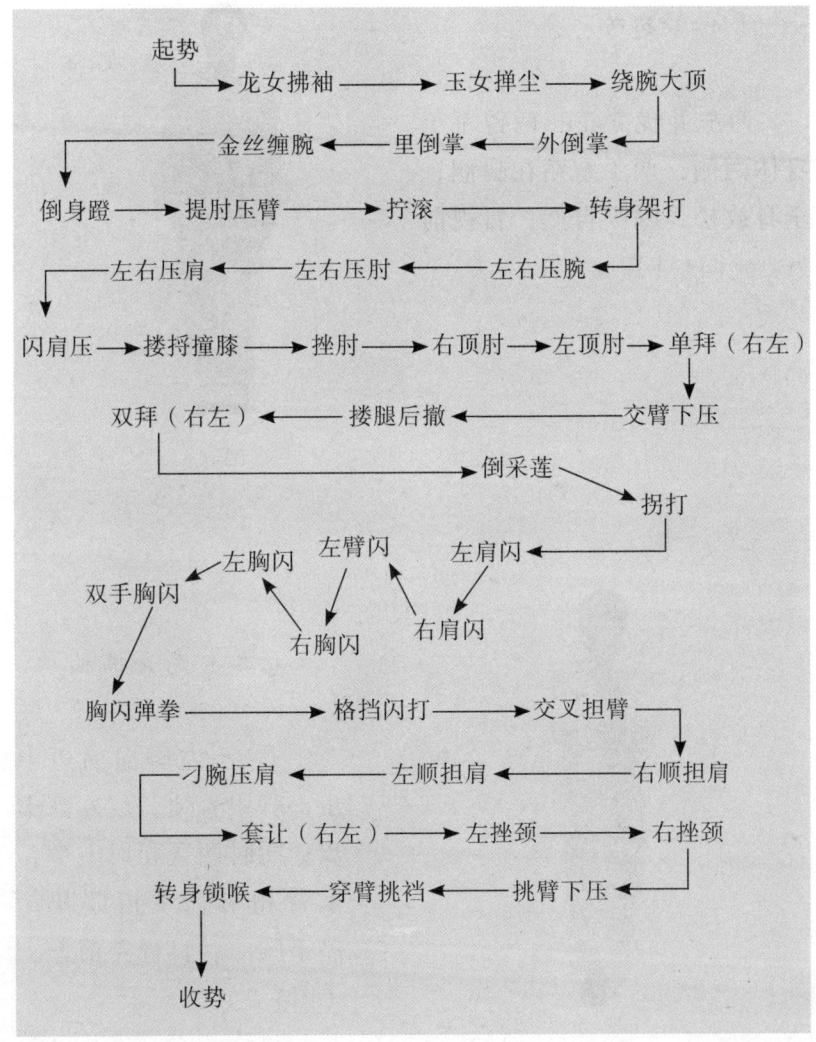

第三节　四路峨眉拳技术图解

（一）起势

两腿并拢立正；两臂垂于身体两侧，两手掌贴在腿侧；全身放松，呼吸自然；目视前方。（图4-1）

图4-1

（二）龙女拂袖

（1）左脚向前迈半步，脚跟着地，成左高虚步；同时两臂屈肘上举，掌背相对，掌指散开，停于胸前；目视左前方。（图4-2）

图4-2

（2）身体向前移，左脚落地，右脚向前迈步；同时两手臂由胸前向下左右展开；目视正前方。（图4-3）

（3）左脚向前上半步，两脚与肩同宽；两臂外旋，掌心向上，捧气向上绕至头部上方，手臂内旋，掌心向前。（图4-4）

（4）两手掌向下按经胸部至腹部，掌心向下，掌指相对。（图4-5、图4-6）

图4-3

图4-4

图4-5

图4-6

（5）两掌变勾，手臂稍外旋，上摆至头上，勾尖向下，力点在手背，手指突然伸开戳出；目视前方。（图4-7）

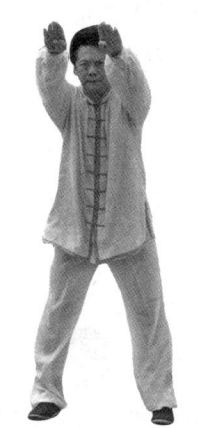

图4-7

【动作要求】手、眼、身法、步要协调。下按掌时呼气，呼到丹田，呼吸做到细、匀、慢、长、深。

【技击含义】掸手、后滑步动作要协调一致。如遇歹徒"抓"我双肩，我手掌成龙爪型，五指用力插其面部。峨眉拳始为玉女拳法，多用于女子防身，击敌之要害。眼睛是人体面部最要害之部位，非遇困危则不发，不可轻用，习者切记。

(三) 玉女掸尘

（1）身体右转90°，左脚向内扣，右脚跟为轴向外旋，脚尖勾起；同时左勾手变掌至体侧向前推出，左勾手变拳收于腰间，目视左掌。（图4-8）

（2）身体重心下沉向右移；右脚向前跨步，左脚跟离地，成右弓步；左掌置于右臂肩关节处，右拳变掌内旋绕弧向前横击，掌背向里；目视右掌。（图4-9）

图4-8 图4-9

图4-10

（3）身体左转90°，左脚向后收步，右脚以脚跟为轴向里旋，成站立式；同时左掌向右臂下经胸前向左前方伸出，稍高于肩，右掌五指散开置于裆部；目视左前方。（图4-10）

【动作要求】头要上领，脚要下踏，左掌要前伸，右掌下沉，使身体处于随时能向四方变化的状态，即"出手一势站方圆，变化四方任周旋"。这是峨眉拳的预备势——陈势。

手臂前伸是为了充分利用一臂之长，设障于前，使敌难于进攻。敌不破我前手，其一臂之长就无法接近我，敌若把第一时间用在破我前手上，那么我就可以借此机会迅即向敌进攻或退却变化。侧身对敌则是为了尽量减少被敌攻击的面积，同时也减少了自身所需防护的范围。

【技击含义】对方用左手用力抓我右肩，我左脚后撤，侧身对对方，手臂自然下垂于体侧，注视对方。我重心忽然后撤下沉，右脚向前上半步，同时用左手抓握对方左手腕，右手握紧拳，用拳背向其太阳穴贯击。我身体下沉，屈膝下蹲，左手抓牢对方左手不使其脱掉，右臂屈肘下压对方左臂，用力过猛可使对方手臂骨折。

【实战要求】我左手抓对方的左手要牢稳，右拳击打其头部造成对方身体向后扯劲。这时我右臂迅速下压对方左臂，如我在下压时，身体向左转，可将对方向体前摔倒。

（四）绕腕大顶

（1）身体重心稍向后沉，左脚尖勾起，右脚屈膝；同时左臂内旋，左手腕内旋里倒绕一周，掌心向内；目视左掌。（图4-11）

（2）身体向前移，探身，左脚随势力向前跨一大步，成左弓步；同时左掌向前顶出；目视左掌。（图4-12）

图4-11

图4-12

【动作要求】左顶掌随左弓步向前猛顶,左手臂后收,前手顶后手撑,形成一个整力。

【技击含义】对方抓我左手腕时,我用左手腕绕解脱对方,同时上步顶对方的胸部。

(五)外倒掌

(1)身体重心往上,左脚往后脚跟触底,脚尖勾起,同时左臂屈肘,手指往上,手心向外,目视左掌。(图4-13)

图4-13

（2）左臂外旋，左手掌向外倒，同时上右步，用右手推对方的肘关节；目视左掌。（图4-14）

【动作要求】向外倒左掌时，身体随倒掌左转，身体向前，右脚上步，可化解。

【技击含义】对方抓我左手腕时，我用左手向外倒掌，同时右手推对方的肘关节可解脱对方。

图4-14

（六）里倒掌

（1）身体重心稍往右转，右脚跟触底，脚尖勾起；同时右臂屈肘，手指往上，手心向里；目视右掌。（图4-15、图4-16）

图4-15

图4-16

（2）承上势。右手臂内旋，右手掌向里倒。（图4-17）

（3）接上势。右脚往前上步成弓步；同时右臂以肘关节为轴，右手向内绕一周，掌心向外；目视右掌。（图4-18）

图4-17　　　　　　　图4-18

【动作要求】向内倒掌与上步要协调一致，身体随倒掌旋转移动。

【技击含义】对方抓我左手腕时，我用右手向里倒掌，同时上步化解对方，可解脱。

（七）金丝缠腕

（1）身体重心往后，躯体抬起，成高姿；左手稍外旋，手心向下，右手抓握左手手腕。（图4-19）

（2）承上势。左脚不动，右脚跟离地；两手收于腹部。（图4-20）

（3）接上势。左脚向前上步，脚跟触离，脚尖勾起；左右手向内、向上、向外、向里缠收于腹前。（图4-21、图4-22）

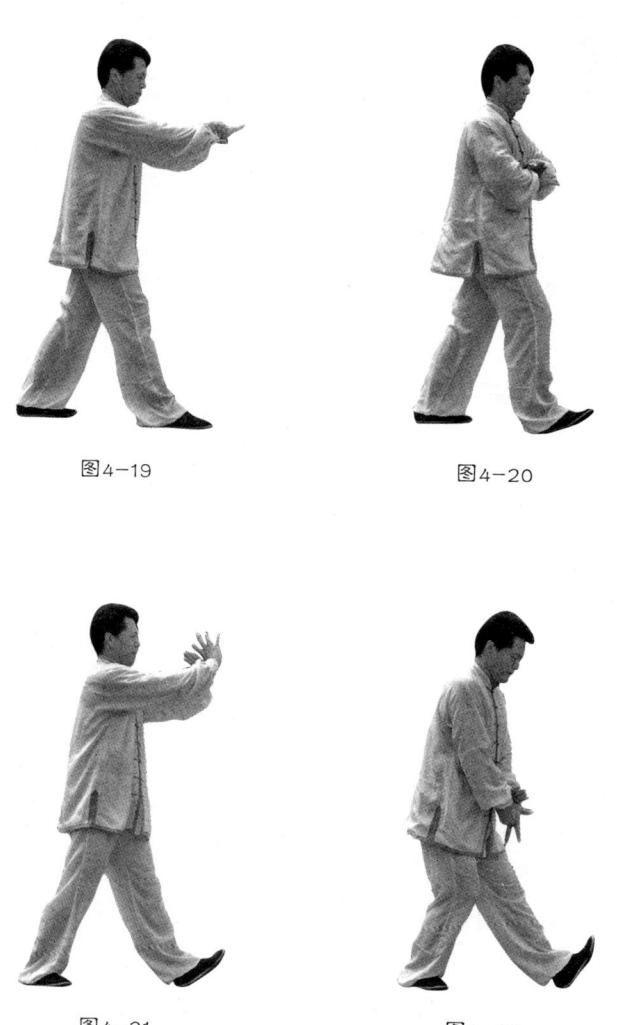

图4-19　　　　　　　　图4-20

图4-21　　　　　　　　图4-22

【动作要求】左右手向内、向上、向外、向里内缠腕与上步要协调一致。身体发内劲缠腕，上下一致，内外合一，视对方情况缠腕同时可用低对脚踢对方。

【技击含义】对方抓我右手腕时，我用缠腕可解脱。

（八）倒身蹬

（1）上左步，成左弓步；左右手掌用力向侧推出。（图4-23）

（2）躯体向前倾，左腿支撑，右脚向后上方蹬出；左手掌置于腹前，右掌自然置于体侧；目视后方。（图4-24、图4-25）

（3）右脚经左脚内侧向前跨一大步，身体上起，向后转180°；左脚向前跨步，右脚外旋，两腿直立；左掌从腹部向前伸出，左手掌置于腹部；目视右掌。（图4-26）

图4-23　　　　　　　图4-24

图4-25

图4-26

【动作要求】倒身蹬脚要快速有力，蹬的高度要根据对方身高及所击之上、中、下三个部位而定。当对方抓我右手臂时，我向前扯对方，同时倒身用右脚蹬对方的裆部，成预备势待敌。

【技击含义】对方抓握我右手腕时，手臂拉对方，使其向前倒体，同时用右脚猛蹬踹对方裆部。

（九）提肘压臂

（1）上左脚，身体向右转；同时、左手向前伸，前臂外旋，手掌外翻，手心向外、手指向下，右手手臂内旋，肘关节往上抬，手腕外翻、手心向外，形成托抓势；目视前方。（图4-27）

（2）接上势。身体向右后转180°，右脚往后伸，成左弓步；左手从上往下压至躯体前方，右手从上往下拉于右腰部位，形成弓步下压势；目视前下方。（图4-28）

图4-27　　　　　　图4-28

【动作要求】提肘转身，弓步下压，上下相随，顺势借力，快慢相间。

【技击含义】抓对方右臂后，转身拧其臂下压。

（十）拧滚

（1）身体后移，稍向右转，头向上领，左脚用力蹬地往后撤，右腿稍弯曲，成高跟步；左手掌置于裆部前，右手掌置于面部左侧；目视左前方。（图4-29）

图4-29

143

（2）身体向前方，左脚往前上步成弓步；左右手边拧边往前伸；目视前方。（图4-30）

【动作要求】后让步时，头向上顶，上手下手上下一条线，身体要整体运动，步法轻松自然。根据对方攻击的距离，可抓其腿摔对方。

图4-30

【技击含义】对方用腿法猛攻，我定要侧身对敌，目视对方，两手臂置于体侧，上下交替成垂直面护身。根据对方的攻击距离，可让一步或几步，看准时机抓握其腿往后摔。

（十一）转身架打

身体向后转108°，右脚向右前方45°跨步，左脚跟离地，成右弓步；左手掌向左前方伸出，右掌置于头部前上方，五指散开，成架打势；目视前方。（图4-31）

【动作要求】转身要自然圆滑，两手臂滚动架打。

【技击含义】身后突然遭到袭击，顺势转身加打。

图4-31

（十二）左右压腕

左压腕：

（1）用右手抓握左手；身体突然前移向右转90°，同时左肘关节抬起，右手往下拉压。（图4-32、图4-33）

（2）承上势。左脚向前跨步，右脚跟离地，成左弓步；左掌置于右臂内侧，掌心向内，掌指向前，右手掌变凤眼拳向前弹出；目视右拳。（图4-34）

图4-32

图4-33

图4-34

【动作要求】抓腕下拉要快，压腕，转身快速有力，回身弹拳自然、猛速。

【技击含义】对方用右手抓握我左手腕关节，我用右手抓握其手腕下压，同时回身弹击对方面部。

右压腕：

（1）用左手抓握右手；身体突然前移，向左转90°；同时右肘关节抬起，左手往下拉压。（图4-35、图4-36）

图4-35

图4-36

（2）承上势。同时右脚向前跨步，左脚跟离地，成右弓步；右掌置于左臂内侧，掌心向内，掌指向前，左手掌变凤眼拳向前弹出；目视左拳。（图4-37）

图4-37

（十三）左右压肘

左压肘：

（1）用右手抓握左肘；身体突然前移向右转90°，同时左肘关节合肘抬起，左肘关节向里裹压。（图4-38、图4-39）

图4-38

图4-39

（2）承上势。左脚向前跨步，右脚跟离地，成左弓步；左掌置于右臂内侧，掌心向内，掌指向前，右手掌变凤眼拳向前弹出；目视右拳。（图4-40）

图4-40

【动作要求】裹肘要快,用身上的抖劲。转身快速有力,回身弹拳自然、猛速。

【技击含义】对方用右手抓握我左手臂肘关节,我用右手抓握其手腕裹肘下压,同时回身弹击对方面部。

右压肘:

(1)用左手抓握右肘;身体突然前移,向左转90°;同时右肘关节合肘抬起,右肘关节向里裹压。(图4-41、图4-42)

图4-41

图4-42

(2)承上势,右脚向前跨步,左脚跟离地,成右弓步;右掌置于右臂内侧,掌心向内,掌指向前,左手掌变凤眼拳向前弹出;目视左拳。(图4-43)

图4-43

（十四）左右压肩

左压肩：

（1）用右手抓握左肩；身体突然前移，向右转90°；同时左肘关节合肘抬起，左肘关节向里裹压肩。（图4-44、图4-45）

图4-44

图4-45

（2）承上势。左脚向前跨步，右脚跟离地，成左弓步；左掌置于右臂内侧，掌心向内，右手掌变凤眼拳向前弹出；目视右拳。（图4-46）

图4-46

【动作要求】裹压肩要快,用身上的抖劲。转身快速有力,回身弹拳自然、猛速。

【技击含义】对方用右手抓握我左肩关节,我用右手抓握其手腕裹肩快速下压,同时回身弹击对方面部。

右压肩:

(1)用左手抓握右肩;身体突然前移,向左转90°,同时右肘关节合肘抬起,向里裹压肩。(图4-47、图4-48)

图4-47

图4-48

(2)承上势。右脚向前跨步,左脚跟离地,成右弓步;右掌置于右臂内侧,掌心向内;左手掌变凤眼拳向前弹出;目视左拳。(图4-49)

图4-49

（十五）闪肩压

左闪肩：

（1）左脚向前上步，成站立势；右手置于裆部，左手往前伸；目视前方。（图4-50）

（2）左闪肩；右脚往后撤步；同时用左手搭右肩。（图4-51）

（3）承上势。右手握拳抬起，屈肘关节往下压。（图4-52、图4-52附图）

图4-50

图4-51

图4-52

图4-52附图

【动作要求】裹压肩、下蹲要快，用身上的抖劲。下沉、转身快速有力。

【技击含义】对方用右手抓握我右肩关节，我用左手抓握其手腕裹、压，身体沉，转身快速下压。

右压肩：

（1）对手用右手抓握左肩，我用右手抓其手背，同时身体突然前移，向右抖转90°；同时左肘关节合肘抬起，左肘关节向里裹压肩。（图4-53、图4-54）

图4-53

图4-54

（2）承上势。身体往下猛蹲，成丁字步；左掌置于右臂内侧，掌心向内。（图4-55）

（3）左脚往前上步，身体抬起；右手掌变凤眼拳向前弹出；目视右拳。（图4-56）

图4-55

图4-56

【动作要求】裹压肩、下蹲要快,用身上的抖劲。转身快速有力,回身弹拳自然、猛速。

【技击含义】对方用右手抓握我左肩关节,我用右手抓握其手腕裹肩快速下压,同时回身弹击对方面部。

(十六)搂捋撞膝

(1)身体重心向下,成马步势;两手往下至于裆部。(图4-57)

(2)身体往上抬,往左转;左臂外旋,右臂内旋,五指自然张开搂捋抓。(图4-58)

(3)承上势。身体左转、右转,螺旋上起;同时两手往后拉捋;右腿蹬地,屈膝关节,往左前方撞击。(图4-59)

(4)接上势。右脚往后用力撤步,成左弓步;同时弹击右拳,左手自然在右肩关节内侧;目视向前。(图4-60)

图4-57　　　　　　　　图4-58

图4-59　　　　　　　　图4-60

【动作要求】捋抓、撞击腿法快速有力，撤步弹拳自然、猛速。

【技击含义】对方用右手抓握我胸部，我两手往后拉捋，右腿蹬地，屈膝关节，往左前方撞击对方胸肋，同时回身弹击对方面部。

（十七）挫肘

（1）身体往上抬，成站立势；右手置于裆部，左手往前伸；目视前方。（图4-61）

（2）左挫肘：左脚往前上步，身体往前移动，成左弓跟步；两手往前合手用力；目视前方。（图4-62）

图4-61

图4-62

（3）右挫肘：右脚往前上步，身体往前移动，成右弓跟步；两手往前合手用力；目视前方。（图4-63）

图4-63

【动作要求】上步时自然、猛速，两手合力快速有力。

【技击含义】对方用右手抓握我胸部，我两手用合力挫对方肘关节。

（十八）右顶肘

（1）身体向左转体90°，右脚随左脚自然收回，脚成右丁步；两手交叉置于胸前。（图4-64）

（2）右脚向前跨步，成右弓步；同时右肘往前顶，左肘往后撑。（图4-65）

图4-64

图4-65

【动作要求】上步的同时，两肘协调、有力。

【技击含义】用左手抓握对方左手，同时用右肘顶敌方腋下。

（十九）左顶肘

（1）身体向右转180°，两腿交叉，成交叉步；两手交叉置于胸前。（图4-66、图4-67）

（2）身体往前，左脚向前跨步成弓马步；同时左肘往前顶，右肘往后撑。（图4-68）

图4-66

图4-67

图4-68

（二十）右单拜

（1）身体往上抬，成站立势；右手置于裆部，左手往前伸；目视前方。（图4-69）

（2）身体左转；同时右手掌往前伸，左手掌上挑；同时踢勾右腿，快速左转身，猛往后上方踢。（图4-70~图4-73）

图4-69　　　　　　图4-70

图4-71　　　　　　图4-72

图4-73

【动作要求】上下动作协调。勾踢腿的高度应根据对方的情况。

【技击含义】用两手锁对方的手臂,同时起右脚勾踢敌方前腿,可再上挑对方的胸、面部。

(二十一)左单拜

(1)身体往上抬,成站立势;左手置于裆部,右手往前伸;目视前方。(图4-74)

图4-74

（2）身体右转；同时左手掌往前伸，左手掌上挑；同时踢勾左腿，快速右转身，猛往后上方踢。（图4-75~图4-79）

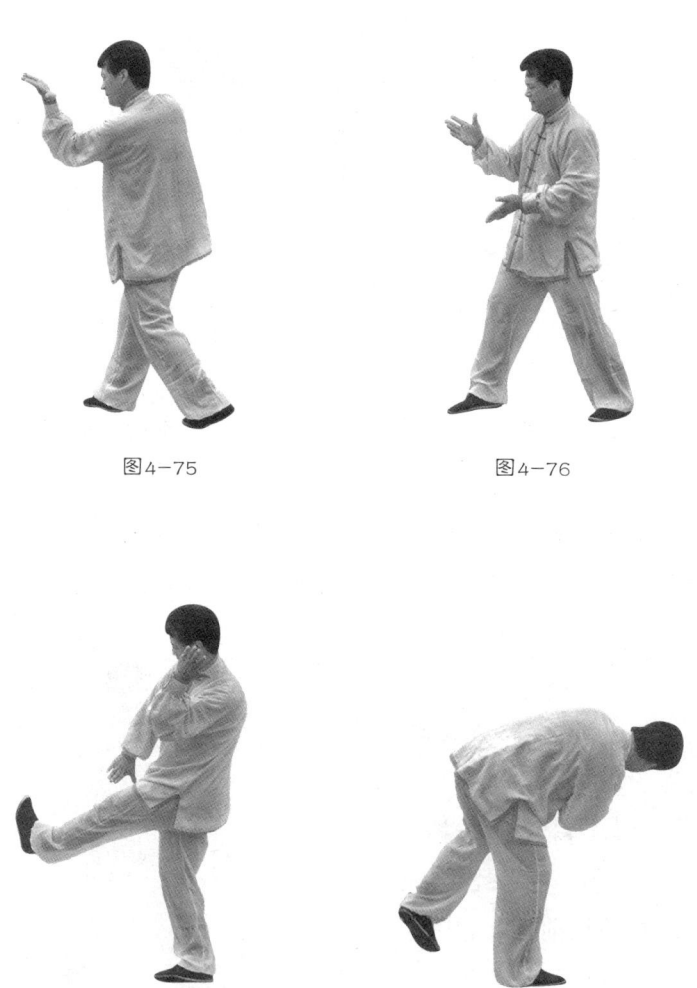

图4-75　　　　　　　　图4-76

图4-77　　　　　　　　图4-78

图4-79

(二十二)交臂下压

(1)上动不停,快速后撤,身体往上抬,成站立势;左手往前伸,右手置于裆部;目视前方。(图4-80、图4-81)

图4-80

图4-81

（2）身体左转，身体重心往下，两腿成交叉势；同时右手往左手前抓握，再往右拧。（图4-82~图4-84）

图4-82

图4-83

图4-84

【动作要求】两手拧动作化力、顺力，随身体的转动下压。

【技击含义】用右手抓握对方右手，用左手抓握对方左手，同时两手用力绞对方手臂下压。

（二十三）搂腿后撤

（1）身体往后撤，右腿下蹲成左仆步；左手往下、往后搂手，右手上架于头上方。（图4-85）

（2）身体往上抬，往前走三步，成站立势；右手置于裆部，左手往前伸；目视前方。（图4-86、图4-87）

图4-85

图4-86

图4-87

【动作要求】搂腿化解力,动作协调,顺劲,随身体的转动化力。

【技击含义】用左手搂对方的腿法后,速往后撤。

(二十四)右双拜

(1)身体左转;同时左右手合掌往前向上挑;同时右腿踢勾上挑,快速左转身,屈右腿。(图4-88~图4-91)

图4-88　　　　　　　图4-89

图4-90　　　　　　　图4-91

（2）承上势。两手快速往前伸；右腿猛往后蹬出。（图4-92）

【动作要求】两手合十、转身、勾踢腿动作协调、自然。

【技击含义】用两手锁对方的手臂，同时起右脚勾踢敌方腹部。

图4-92

（二十五）左双拜

（1）身体往上抬，右脚往后撤步成站立势；左手置于裆部，右手往前伸；目视前方。（图4-93、图4-94）

图4-93

图4-94

（2）身体右转；同时左右手合掌往前向上挑；左腿踢勾上挑，快速右转身，屈右腿。（图4-95、图4-96）

（3）承上势。两手快速往前伸；左腿猛往后蹬出。（图4-97、图4-98）

图4-95

图4-96

图4-97

图4-98

（二十六）倒采莲

（1）身体往上抬，成站立势；左手往前伸，右手置于裆部；目视前方。（图4-99）

（2）左脚往后撤步，成站立势；右手往前伸，左手置于裆部；目视前方。（图4-100）

图4-99

图4-100

（3）右脚往后撤步，成站立势；左手往前伸，右手置于裆部；目视前方。（图4-101）

（4）身体向后移，稍向右拧腰，左脚蹬地，从右脚后插步伸腿，脚尖点地，两腿成交叉步，右腿外展，屈膝成右弓步；同时两手往后伸；目视右手拳。（图4-102）

图4-101

图4-102

（5）身体以腰为轴，向左猛转，右腿随左脚后滑步，成左弓步，右脚经左脚前向后快速划地，腿伸直，脚跟离地；同时两手掌经体前划平弧，掌心向下，掌指向前；目视手指。（图4-103）

图4-103

【动作要求】后插步、伸拳和划弧前摸动作快速协调一致。

【技击含义】对手出左拳向我面部击打，我右手臂拦，左脚快速插进对方左侧，左手托刁其左前臂，右手用力摸对方颈部，同时右脚向后猛绊对方前腿，将其向前斜方摔倒。

（二十七）拐打

（1）身体往上抬，成站立势；左手往前伸，右手置于裆部；目视前方。（图4-104）

（2）身体向右转体往后方闪，转体90°；左脚内扣，腿伸直，右脚蹬地向右前方跨步，成右斜弓步；左掌变半拳，用力向对方裆腹部弹击拐打，拳心向内，右拳置于腰间；目视右前方。（图4-105）

图4-104

图4-105

【动作要求】跨步、闪身、弹拳动作一致。左手臂要贯力,力点在拳面。

【技击含义】对方右拳向我面部击打时,我快速向右闪开,同时用右拳向其档部弹击。

(二十八)左肩闪

(1)身体往上抬,成站立势;右手往前伸,左手置于档部;目视前方。(图4-106)

(2)右脚往后撤步,成站立势;左手往前伸,右手置于档部;目视前方。(图4-107)

(3)用右手搭肩;身体突然往右转体。(图4-108、图4-109)

图4-106

图4-107

图4-108

图4-109

【动作要求】转身要连贯自如,腰部发力。手法和步法的变换要柔和而又有弹力。

【技击含义】若对方抓握我左肩,我用右手搭住对方的手背,突然右转身。

(二十九) 右肩闪

(1) 左脚往后撤步,成站立势;用左手搭肩。(图4-110)

图4-110

（2）接上势。身体突然往左转体。（图4-111）

图4-111

（三十）左臂闪

（1）右脚往后撤步，成站立势；左手往前伸，右手置于裆部；目视前方。（图4-112）

（2）接上势。左手臂置于体侧；身体突然往右转体。（图4-113）

图4-112

图4-113

【动作要求】转身要手臂夹紧,腰部整体发力,有一股抖劲。

【技击含义】若对方抱我腰部,我用左臂夹住对方的手臂突然左转身。

(三十一)右胸闪

(1)右脚往后撤步,成站立势;右手往前伸,左手置于裆部;目视前方。(图4-114)

(2)左脚往左后方撤步,成高弓步势;左臂置于体侧,右手按住胸部;身体突然往右转;目视前方。(图4-115)

图4-114　　　　　　图4-115

【动作要求】撤步与转身要手臂夹紧,腰部整体发力,有一股抖弹劲。

【技击含义】若对方抓我胸部,我用右手抓握按住对方的手臂,突然右转身。

（三十二）左胸闪

（1）两腿跨步成站立势；右臂置于体侧，左手按住胸部；目视前方。（图4-116）

（2）右脚往右后方撤步，成左弓步；右臂置于体侧；身体突然往左转；目视前方。（图4-117）

图4-116

图4-117

（三十三）双手胸闪

双手右胸闪：

（1）身体直立，两腿开立宽于肩，成站立势；两手掌置于胸前，左手在下，右手在上；目视前方。（图4-118）

（2）右脚往右侧方跨步，成右弓步；左右手按住胸部，身体突然往右转体下压；目视前方。（图4-119）

图4-118

图4-119

【动作要求】跨步与转身要协调。全身整体发力,有一股浑圆抖弹劲。

【技击含义】若对方抓我胸部,我用左右手抓握按住对方的手臂,突然右转身。

双手左胸闪:

(1)身体直立,两腿开立宽于肩,成站立势;两手掌置于胸前,左手在下,右手在上;目视前方。(图4-120)

图4-120

（2）左脚往右侧方跨步，成左弓步；左右手按住胸部，身体突然往左转体下压；目视前方。（图4-121）

图4-121

（三十四）胸闪弹拳

（1）身体直立，两腿开立宽于肩，成站立势；两手掌置于胸前，左手在下，右手在上；目视前方。（图4-122）

（2）右脚往右侧方跨步，成右弓步；左右手按住胸部，身体突然往右转体下压；目视前下方。（图4-123）

图4-122

图4-123

（3）承上势。身体向左转；同时弹右拳；目视前方。（图4-124）

【动作要求】跨步、转身与弹拳要协调一致。

【技击含义】若对方抓我胸部，我用左右手抓握按住对方的手臂，突然右转身，回身弹拳击打对方面部。

图4-124

（三十五）格挡闪打

（1）身体往后上方起，直立，两腿开立宽于肩，成站立势；左手往前伸，右手置于裆部；目视前方。（图4-125）

（2）承上势。身体向左转闪，左脚向左前方跨步，成左弓步；同时左手掌向右前方格挡，右拳向前击打；目视前下方。（图4-126）

图4-125

图4-126

【动作要求】跨闪步、格挡、击打要协调一致。

【技击含义】若对方向我击打,我左闪格挡对方来拳手臂,同时击打对方腹部。

（三十六）交叉担臂

（1）两手往上、往前交叉,左手臂向左、向下、向内,右手臂向右、向下、向内,两手置于胸前,左手抓握右手手腕；目视前方。（图4-127、图4-128）

图4-127

图4-128

（2）身体突然向左转,成左弓步；两手臂屈肘猛向上抬。（图4-129）

（3）承上势。身体向右回转；同时弹左拳；目视前方。（图4-130）

图4-129　　　　　　　　图4-130

【动作要求】两手手臂划弧柔和顺劲,转身、抬手臂要快速、协调、有力,肩往上扛,两手往下压的意念。

【技击含义】若对方抓我双手,我用左右手抓握化解对方,突然转身,力扛对方手臂。

(三十七)右顺担肩

(1)上左脚,成左弓步;两手掌往前伸出;目视前方。(图4-131)

图4-131

（2）身体突然向左转，成左弓步；两臂屈肘猛向上抬。（图4-132）

（3）承上势。身体向左回转，变右弓步；同时弹右拳；目视前方。（图4-133）

图4-132　　　　　　　　图4-133

【动作要求】两手手臂划弧柔和顺劲。转身、抬手臂要快速、协调、有力。有肩往上扛、两手往下压的意念。

【技击含义】若对方抓我双手，我用左右手抓握化解对方手臂反关节，突然转身，用肩力扛对方手臂。

（三十八）左顺担肩

（1）身体向右转直立，两腿开立宽于肩，成站立势；左手往前伸，右手置于裆部；目视前方。（图4-134）

（2）承上势。身体向左转内，左脚向左前方跨步，成左弓

步;同时左手掌向右前方格挡,右拳向前击打;目视前方。(图4-135)

（3）两手左右分开交叉,左手臂向左、向下、向内,右手臂向右、向下、向内,两手置于胸前,左手抓握右手手腕。(图4-136、图4-137)

图4-134

图4-135

图4-136

图4-137

（4）身体突然向右转，成左弓步；两臂屈肘猛向上抬。（图4-138）

（5）承上势。身体向右回转；同时弹左拳；目视前方。（图4-139）

图4-138　　　　　　图4-139

【动作要求】两手手臂内旋划弧柔和。转身、抬手臂要快速、协调。肩用力往上扛。

【技击含义】若对方抓我手臂，我用左右手反抓握化解对方手腕反关节，突然转身，用肩力扛对方手臂，右转身，同时用左拳弹击对方。

（三十九）刁腕压肩

（1）身体稍左转直立，两腿开立宽于肩，成站立势；右手往前伸，左手置于裆部；目视前方。（图4-140）

图4-140

图4-141

（2）身体往右转，左脚往前上步，成高弓步；右臂内旋，左手往前伸托，置于腰前。（图4-141）

（3）承上势。身体向右转身，成右弓步；右手下拉，左手下压；目视左下方。（图4-142）

图4-142

（四十）右套让

（1）身体后移，向右转90°，头向上领；左脚用力蹬地，经右脚内侧向后退步，两膝弯曲交叉，成套步；左掌变单指掌置于裆部前，右掌变单指掌，屈肘置于左肩，指尖向上；目视左前方。（图4-143）

（2）身体向上起，左脚不动，右脚后撤，两腿站立；左单指掌变散掌向前伸，右单指掌变散掌置于裆部；目视左掌。（图4-144）

图4-143

图4-144

【动作要求】套步时，头向上顶，上手稍撑，下手稍沉。身体要整体运动，步法轻松自然。

【技击含义】根据对方攻击的距离，套让一步或几步均可，两手掌交叉进成一垂直线，防对方脚踢裆部和拳击头部，在换势中可突然反击对方。

（四十一）左套让

（1）右脚往右侧前方跨步，身体往右转，成右高弓步；（图4-145）

（2）接上势。左手内绕至于胸部，右手上绕下压；左脚往前上步，两膝弯曲交叉，成套步。（图4-146、图4-147）

图4-145

图4-146

图4-147

（四十二）左挫颈

（1）身体向上起，往右转，成站立势；左手向前伸，右手掌置于裆部；目视左掌。（图4-148）

（2）上左脚，成左高弓步；左手变爪，用力往后拉，右手变爪用力往前推；目视前方。（图4-149）

图4-148

图4-149

【动作要求】上步、挫颈是两手同时发力，身体协调用整劲。

【技击含义】对方抱我，我左右手磨其头部。

（四十三）右挫颈

右脚往前上步，成右高弓步；右手爪用力往后拉，左手变爪用力往前推；目视前方。（图4-150）

图4-150

图4-151

（四十四）挑臂下压

（1）上左脚成左弓步；同时右手爪往上挑，左手爪往下压，两手爪心相对。（图4-151）

（2）接上势。身体向右转90°，成右弓步；右手爪向上、向右、向前抓，收回腰间，左手爪往前伸、下按，爪心向下；目视前下方。（图4-152、图4-153）

图4-152　　　　　　　　图4-153

【动作要求】下压时转身要快，在对方肩关节处发力。

【技击含义】左手抓握对方右手腕，用右手臂上挑下压对方。

（四十五）穿臂挑裆

（1）左腿下蹲成左仆步；同时左手手臂往前伸，右手臂往上伸，手心向上；目视手掌。（图4-154）

（2）接上势。身体向上起，成左弓步；同时左手掌往前伸，右手掌后伸；目视前方。（图4-155）

（3）身体往上起，右脚向前上步，身体往左转，成站立式；同时右手臂随身体右转平摆，收至于裆部，左手臂前伸；目视前方。（图4-156、图4-157）

图4-154　　　　　　　图4-155

图4-156　　　　　　　图4-157

【动作要求】转身、伸手臂要快、自然、协调。

【技击含义】左手臂往对方裆部前伸上挑。

(四十六) 转身锁喉

(1) 身体右转身, 成站立式; 左手前伸, 右手置于裆部; 目视左方。(图4-158)

(2) 上左步, 同时右手前伸, 左手抓握右手腕; 身体向下旋转360°, 下蹲做盘势; 两手臂交叉; 目视左方。(图4-159)

图4-158

图4-159

【动作要求】插掌、转身、锁喉要快、协调一致。

【技击含义】左手臂往对方裆部前伸上挑。

（四十七）收势

（1）身体向上起向体后移成直立，右脚向后撤步，左脚尖点地，成左高虚步；左右掌置于胸前，掌背相对，掌尖向上；目视前方。（图4-160）

（2）身体后移，左脚向后撤步，右脚尖点地，成右高虚步；随即左右掌向体侧展开，掌心向外，与肩同高；目视前方。（图4-161）

图4-160　　　　　　图4-161

（3）身体稍后移，右脚后撤半步，左右脚距离与肩同宽；两手臂外旋，捧气贯顶，至头上方，手臂内旋，掌心向外，左右手宽于肩；目视斜前方。（图4-162）

（4）身体直立，两手随屈肘稍内旋，掌心向下，掌指相对，经面部、胸部、腹部下按，手心向下，自然呼气；目视前

方。（图4-163、图4-164）

（5）身体微向右移，左脚向右脚并拢；手臂下垂于体侧，成立正势；目视前方。（图4-165）

图4-162

图4-163

图4-164

图4-165

第五章　峨眉刺

　　峨眉刺是峨眉拳系器械的主要内容之一。古时多用于女子防身，由发簪演变来，故峨眉刺亦称玉女簪。据《易经》记载，"簪，古代头发上的饰物。"峨眉刺具有三千年的悠久历史，刺长约不过本人手长，呈菱形或圆带尖，中间有一圆环。演练时，峨眉刺可加长，将圆环套在练者中指上，左右手各持一个。用法主要有刺、穿、拨、压、划、戳、挑、点、拦等，结合各种步型、步法、平衡、跳跃、翻转等动作构成套路练习，舞起来，行云流水、飘洒自如、别有风格。

第一节　峨眉刺谱歌诀

　　簪法不用长手封，垂手玉女守门户。
　　袖里长针分前后，分花拂柳任西东。
　　倒跺莫对下交叉，沾衣还须用剑经。
　　闭月羞花君莫笑，斜插梅花一枝红。

第二节　峨眉刺简介

（一）峨眉刺是峨眉拳的主要器械

1. 峨眉刺

古时称"簪"。制作有内刺、外刺、前刺、后刺。

2. 峨眉刺制品

峨眉刺原可分为木料、玉器、象牙、金属等四大类。按型状厚薄可分为圆形、扁形、椭圆等。按规格可分为一寸、两寸、六寸、八寸长，以及其他特种规格等。按刺纹可分为单线纹、双线纹、龟纹、罗曲纹等。

3. 本峨眉刺规格

长约六寸，中间有一手环，可套在手的中指上。（图5-1、图5-2）

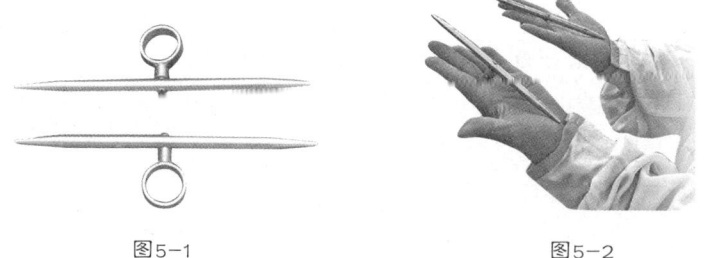

图5-1　　　　　　图5-2

（二）峨眉刺的基本手法和步法

1. 握刺

用手握刺中间，藏于手掌之中，刺尖稍伸出于拇指头。（图5-3）

2. 挑刺

用手握刺中间，刺尖向上下方向。（图5-4）

图5-3

图5-4

3. 横刺

用手握刺中间，手心往下，刺尖左右方向。（图5-5）

图5-5

4. 压刺

用手握刺中间,手心向内,刺尖朝向前后方向。(图5-6)

图5-6

图5-7

5. 让步

成高姿,左手持刺刺尖向前伸出,右刺置于胸前,目视左刺。(图5-7)

【动作要求】让步可攻可守。攻者上步直刺,刺出去后还前顶,就是说在接触到对方的时候要有一股继续往前冲的刺力,刺的时候刺尖继续保持刺的动作不要停,刺出来要有一种穿透力,速度可以带动贯穿性,刺的时候不要刺到敌方就收回来,继续把刺往前送出去，要求身体发刺时形整、意整、力整、内外合一形成一体；守者身体往后移动，左脚击右脚往后滑步，让步的同时用左刺顶对方或用飘步往后走。（图5-7）。

6. 左闪刺

身体向左突然闪开向前方移；左脚向左前方跨步45°，右脚跟离地，成左闪步，右手持刺置于右臂内侧，左手持刺向前方刺出；目视前方。（图5-8）

图5-8

【动作要求】上下协调，动作连贯，闪避对方正面进攻，同时快速让步可出刺防敌攻击，实战中可用飘步、闪步、玉女抽身、观音转莲、玉女洗面等技法配合。例如，当对方向我面部进攻时，我将闪开的同时用左刺向其面部戳出。右手刺暗藏杀机，可用玉女抽身等技法配合随时出击，也可同时用一面花反攻。

第三节　峨眉刺路线图

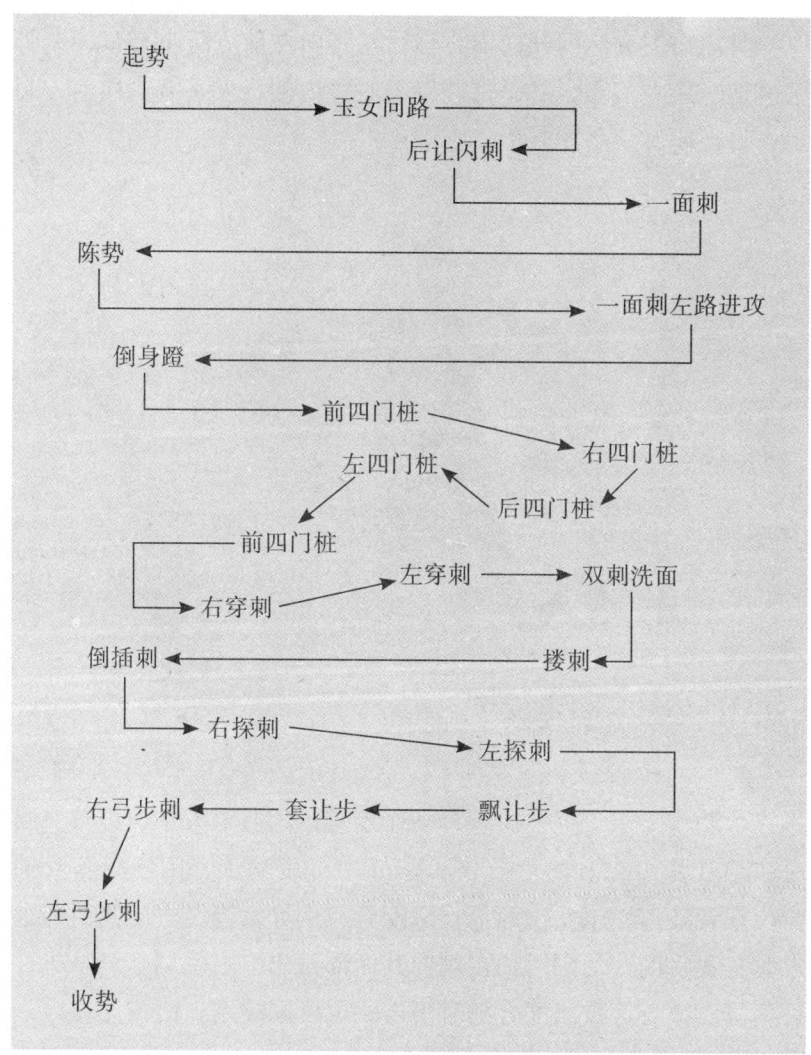

第四节 峨眉刺技术图解

(一)起势

(1)两腿并拢立正;两臂垂于身体两侧,两手持刺,掌贴在腿侧;全身放松,呼吸自然;目视正前方。(图5-9)

(2)左脚向前迈半步,脚尖勾起,脚跟着,成左高虚步;同时两臂屈肘上举,掌背相对,掌指散开,两刺向外,停于胸前;目视左前方。(图5-10)

图5-9

图5-10

（3）身体向前移，左脚落地，右脚向前迈步；同时两手臂由胸前向下、向左右展开；目视正前方。（图5-11）

（4）左脚向前上半步，两脚与肩同宽；两手掌向上。（图5-12）

（5）两手臂外旋，掌心向上，捧气向上绕至头部上方。（图5-13）

（6）手臂内旋，掌心向前，两手掌向下按至腹部，掌心向下，掌指向前，力点在刺尖；目视前方。（图5-14）

图5-11　　　　　　　　图5-12

图5-13　　　　　　　　图5-14

【动作要求】手、眼、身法、步、刺要协调。上步分掌时，两肩要放松，动作要舒展大方。上捧掌时要用鼻吸气，气贯百会，下按掌时呼气，呼到丹田。呼吸做到细、匀、慢、长、深。

（7）两手持刺，手臂内旋，刺尖向腹部前。（图5-15）

（8）身体往后移动，两脚往后滑步；同时两刺向前上方刺出。（图5-16）。

图5-15

图5-16

（9）身体右转90°，左脚向内扣，右脚根为轴向外旋，脚尖勾起；同时左手支持刺向体侧，向前刺出，右手持刺收于腰间；目视左刺。（图5-17）

图5-17

（10）身体重心下沉向右移，右脚向前跨步，左脚跟离地，成右弓步；左掌置于右臂肩关节处，右手持刺内旋绕弧向前横划击刺，掌背向里；目视右刺。（图5-18）

（11）身体左转180°，左脚向后收步，右脚以脚跟为轴向里旋成左弓步，成站立式；同时左刺从右臂下经胸前向左前方伸出，稍高于肩，右手持刺置于裆部；目视左前方。（图5-19、图5-20）

图5-18

图5-19

图5-20

【动作要求】头要上领,脚要下拔,左手持刺掌要前伸,右手持刺掌下沉,使身体处于随时能向四方变化的状态。即"出手一势站方圆,变化四方任周旋",这是峨眉拳技击秘诀的预备势——陈势。

手臂前伸是为了充分利用一臂之长,设障碍于前,使敌难于进攻。敌不破我前手,其一臂之长就无法接近我。敌若把第一时间放在破我前手上,那么我就可以借此机会迅即向敌进攻或退却变化。侧身对敌则是为了尽量减少被敌攻击的面积,同时也减少了自身所要防护的范围。

(二)玉女问路

(1)身体重心稍向后沉小让,左脚尖勾起,右腿屈膝;同时左臂内旋,屈肘下沉,刺心向下,刺尖对准打击目标;目视左掌。(图5-21)

(2)身体向前移,探身,左脚随势向前跨一大步,成左弓步;同时左刺向前伸出;目视左掌。(图5-22)

图5-21

图5-22

（3）身体左转90°，左脚不动，右脚跟离地；左刺收于胸前，同时右刺向前方弹刺出；目视前方。（图5-23）

（4）身体重心后移，右转90°，左脚蹬地，向后拉步成站立势；左刺从胸部前伸，右手持刺置于腹部；目视左刺。（图5-24）

图5-23　　　　　　　　图5-24

【动作要求】玉女问路，亦称"单叫门"。左刺随左弓步向前猛刺；左手臂后收，同时右刺向前迅速戳刺弹出，身体向左拧，腰背肌充分拉开，右脚跟离地，有利于迅速还原陈势，以势待敌。峨眉拳认为后脚跟离地，便于衔接下一个动作。

当对方右拳向我面部进攻时，我向后小让，无论对方拳路是否要收或要发未发之际，我都将左刺向其面部戳出，同时快速上步，右刺向对方面部击打戳刺，方可造成威胁。

（三）后让闪刺

（1）身体往后移动，左脚击右脚往后滑步，后让时要判断对方攻击的距离，同时用左刺顶对方，或用飘步往后走。（图5-25）

（2）身体向左突然闪开向前方移；左脚向左前方跨步45°，右脚跟离地，成左闪步；右手持刺置于右臂内侧，左手持刺向前方刺出；目视前方。（图5-26）

图5-25　　　　　　　　图5-26

【动作要求】左刺随左闪步向前戳。右手刺暗藏杀机，可用玉女抽身随时出击等方法，也可同时以右刺向前迅速戳刺弹出进攻，快速还原以势待敌。

当对方以右拳向我面部进攻时，我向后大让，让开对方拳直路攻击，闪开并向其面部戳出。

（四）一面刺

（1）身体向前下方移，左转45°；左脚向左前方跨步，右脚自然跟随，脚跟高起，成右跟步；左刺手臂内旋收于右上臂处，掌心向下，刺指向前，右手持刺往前伸出，刺尖向前；目视前方。（图5-27）

（2）身体向右前移，右转45°；右脚蹬地向前方跨步，成右跟步；左刺随身体移动前伸出；目视前方。（图5-28）

图5-27　　　　　　图5-28

（3）身体前移，向右转45°；左腿屈膝支撑全身重量，右脚用力跨地向前伸腿，脚尖勾起。身体前移，向左转45°；左脚随右脚向前移，脚跟离地，右脚用力向斜下方插地，成左跟步，左刺置于左腹前，右刺从腰间猛烈向前戳弹出；目视右刺。（图5-29）

图5-29

【动作要求】伸左刺戳目时，不要用力，以弱势引强，动作要逼真，上下配合协调，发力效果才好。因为"式式必有假，真假必同时。真遇真时假，假遇假时真。诱骗为至关，妙用存乎心"，集全身之力于一刺，以强攻弱。

当与对方交手时，刺是藏在手掌之中，随身体左右摆刺迷惑对方，待对方要攻未攻，要退未退之机，迅速用一面刺攻击。一面刺就是攻击对方薄弱的部位，尤其是面部，因为面部是很难练出功夫的。一面刺的攻守有正反各三法：正法为直接左、中、右三路进攻；反法是对方攻击我时，我让开左、中、右方向被攻击的位置，同时反攻对方。其技法细腻，步法灵活，角度刁钻，在实战中要根据对方攻守情况来综合运用，奥妙无穷。

（五）陈势

身体右转180°，右脚向后撤步，成站立式；同时左刺从右臂下经胸前向左前方伸出，稍高于肩，右掌持刺置于裆部；目视左掌。（图5-30）

图5-30

【动作要求】头要上领,脚要下拔,左手持刺掌要前伸,右手持刺掌下沉,呼吸自然,气沉丹田,使身体处于随时能向四方变化的状态,即"进退自如,能攻能守"。陈势在攻击中占有非常重要的地位。

(六)一面刺左路进攻

(1)身体向前下方移,左转45°;左脚向左前方跨步,右脚自然跟随,脚跟离地,成左跟步;左刺手臂内旋收于右上臂处,掌心向下,刺指向前,右手持刺往前伸出,刺尖向前;目视前方。(图5-31)

(2)身体向右前移,右转45°;右脚蹬地向前方跨步,成右跟步;左右刺随身体移动前伸出;目视前方。(图5-32)

（3）身体前移，向右转45°；左腿屈膝支撑全身重量，右脚用力跨地向前伸腿，脚尖勾起，身体前移，左转45°；左脚随右脚向前移，脚跟离地，左脚用力向斜下方插地，成右跟步；左刺置于左腹前，右刺从腰间猛烈向前戳弹出；目视右刺。（图5-33）

图5-31

图5-32

图5-33

【动作要求】伸左刺戳时，点到为止，动作逼真，步法灵活，角度恰到好处，上下配合协调，最后发力效果才好。

（七）倒身蹬

（1）身体右转180°；右脚向后撤步，成站立式；同时左刺从右臂下经胸前向左前方伸出，稍高于肩，右掌持刺置于腹部，蓄势待发；目视左刺。（图5-34）

（2）身体向右侧倒；右脚内扣，成右弓步；右手臂屈肘置于体前，左手臂自然落于体侧；目视后方。（图5-35）

图5-34

图5-35

（3）身体向右侧倒；右脚稍外旋，左腿屈膝关节，重心稍往前倾；目视卜后方。（图5-36）

（4）上动不停。左脚用力向斜上方弹蹬出；左刺置于体侧，右手下落于腹前；目视右脚。（图5-37）

图5-36　　　　　　　图5-37

【动作要求】动作要一致，全身的力量集于前刺对方，刺击后要迅速弹回，右脚快速蹬对方，撤步成陈势。当对方抓我前手或用擒拿缠腕，我突然快速向前跨步用野马尾，转身使其重心后移，可顺势倒体，同时右脚向敌裆部或面部蹬出。

（八）前四门桩

（1）往前走三步，身体直立，向左转成陈势，身体往右闪，向前下方移，左转45°，成右弓步；左右刺随身体移动飘逸，右手持刺置于胸部前，左手持刺往前伸出，刺尖向前；目视前方。（图5-38）

图5-38

（2）左脚向左前方跨步，右脚自然跟随，脚跟离地，成左跟步；左刺手臂内旋收于右上臂处，掌心向下，刺指向前，右手持刺往前伸出，刺尖向前；目视前方。（图5-39）

（3）身体向前移，右转45°；左腿屈膝支撑全身重量，右脚用力跨地向前伸腿，脚尖勾起，身体前移，右脚蹬地向前方跨步，成右跟步；左右刺随身体移动前伸出；目视右刺。（图5-40）

图5-39　　　　　　　图5-40

（4）身体往后移，向右转45°，成陈势。（图5-41）

（5）上动不停。用左脚击右脚，随右脚往后移动，脚擦离地，成飘步；左刺猛烈向前戳刺弹出，右刺置于左腹前，成陈势；目视左刺。（图5-42）

图5-41　　　　　　　　　图5-42

【动作要求】每打完一个动作后，快速往后飘步。飘步要自然、放松、灵活，成陈势，再接连下一个动作。

（九）右四门桩

（1）左脚向左前方跨步，右脚自然跟随，右脚跟离地，成左弓右跟步；左刺手臂内旋收于右上臂处，掌心向下，刺指向前，右手持刺往前伸出，刺尖向前；目视前方。（图5-43）

（2）身体向右前移，右转20°；左腿屈膝支撑全身重量，右脚用力跨地向前伸腿，脚尖勾起，身体前移，右脚蹬地向前方跨步，成右跟步；右刺随身体移动收于腰间，左刺随身体移动往前刺出；目视左刺。（图5-44）

（3）身体往右移，向右转25°，头向上领；左脚用力蹬地，经右脚内侧向后退步，两膝弯曲交叉，成套步；左掌刺置于裆部前，右刺屈肘置于腹前；目视左前方。（图5-45）

（4）身体向上起，左脚不动，右脚后撤，两脚站立成陈势；左刺向前伸，右刺置于裆部；目视左刺。（图5-46）

图5-43

图5-44

图5-45

图5-46

【动作要求】套步时，头向上顶，上手稍撑、下手稍沉，身体要整体运动，步法轻松自然。根据对方攻击的距离，套让一步或几步均可，两刺始终对着对方攻击，防对方踢裆部和用拳击打头部。在套让中可换势突然反击对方。

（十）后四门桩

（1）左脚向左前方跨步，右脚自然跟随，右脚跟离地，成左弓右跟步；左刺手臂内旋收于右上臂处，掌心向下，刺指向前，右手持刺往前伸出，刺尖向前；目视前方。（图5-47）

（2）身体向右前移，右转20°；左腿屈膝支撑全身重量，右脚用力跨地向前伸腿，脚尖勾起，身体前移，右脚蹬地向前方跨步，成右跟步；右刺随身体移动收于腰间，左刺随身体移动前刺出；目视左刺。（图5-48）

图5-47

图5-48

（3）身体往后移，向右转25°，头向上领；左脚用力蹬地，经右脚内侧向后退步，两膝弯曲交叉，成套步；左掌刺置于躯体前，右刺屈肘置于腹前；目视左前方。（图5-49）

（4）身体向上起，左脚不动，右脚后撤，两脚站立成陈势；左刺向前伸，右刺置于裆部；目视左刺。（图5-50）

图5-49　　　　　　　图5-50

【动作要求】见（九）右四门桩"动作要求"。

（十一）左四门桩

（1）右脚向右前方跨步，左脚自然跟随，左脚跟离地，成右弓左跟步；左刺手臂内旋收于右上臂处，掌心向下，刺指向前，右手持刺往前伸出，刺尖向前；目视前方。（图5-51）

（2）身体向右前移，右转20°，身体前移；右脚蹬地向前方跨步，成右跟步；右刺随身体移动收于腰间，左刺随身体移动前刺出；目视左刺。（图5-52）

（3）身体往后移，向右转25°，头向上领；左脚用力蹬地，经右脚内侧向后退步，两膝弯曲交叉，成套步；左掌刺置于躯体前，右刺屈肘置于腹前；目视前方。（图5-53）

（4）身体向上起，左脚不动，右脚后撤，两脚站立成陈势；左刺向前伸，右刺置于裆部；目视左刺。（图5-54）

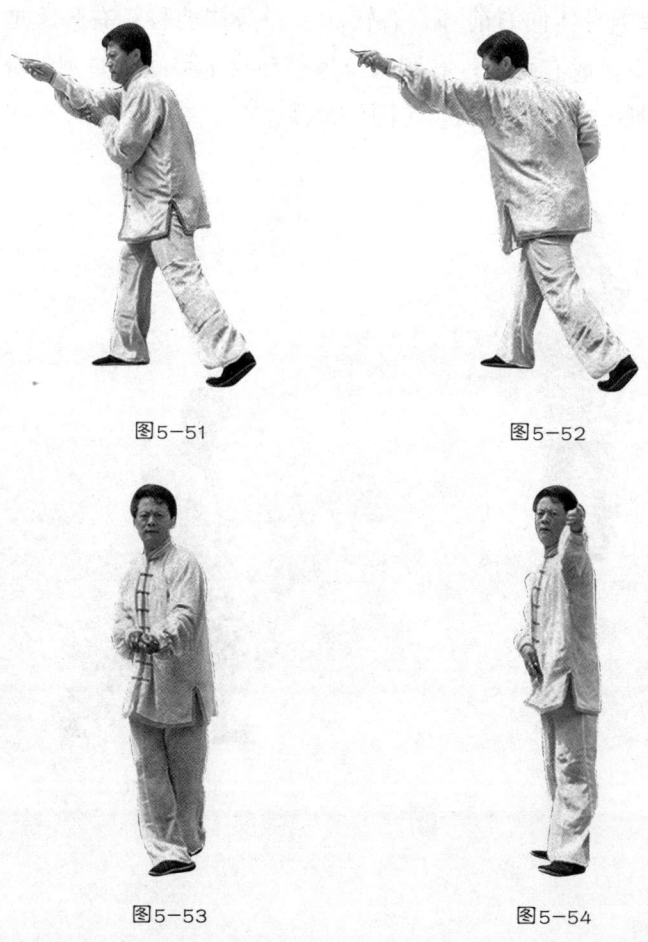

图5-51　　　　　　　　图5-52

图5-53　　　　　　　　图5-54

【动作要求】见（九）右四门桩"动作要求"。

（十二）前四门桩

（1）左脚向左前方跨步，右脚自然跟随，右脚跟离地，成左弓右跟步；左刺手臂内旋收于右上臂处，掌心向下，刺指向前，右手持刺往前伸出，刺尖向前；目视前方。（图5-55）

（2）身体向右前移，右转20°，身体前移；右脚蹬地向前方跨步，成右跟步；右刺随身体移动收于腰间，左刺随身体移动前刺出；目视左刺。（图5-56）

图5-55

图5-56

（3）身体往后移，向右转25°，头向上领；左脚用力蹬地，经右脚内侧向后退步，两膝弯曲交叉，成套步；左掌刺置于躯体前，右刺屈肘置于腹前；目视前方。（图5-57）

（4）身体重心向上起，左脚不动，右脚后撤，两脚站立成陈势；左刺向前伸，右刺置于裆部；目视左刺。（图5-58）

图5-57

图5-58

【动作要求】套步时，头向上顶，上手稍撑。后让时前手可让刺，即白蛇吐信之法以退为攻。下手稍沉，身体要整体运动，步法轻松自然。根据对方攻击的距离，套让一步或几步均可，两刺始终对着对方攻击，前、后、左、右四门桩动作为一周360°。

（十三）右穿刺

（1）左脚向左前方跨步，右脚自然跟随，右脚跟离地，成左弓右跟步；左刺手臂内旋收于右上臂处，掌心向下，刺指向前，右手持刺往前伸出，刺尖向前；目视前方。（图5-59）。

（2）上动不停。右手持刺，掌心向上、向内旋转一周，刺尖向前，掌心向下。（图5-60）

图5-59　　　　　　　图5-60

（3）右手持刺，刺尖朝上、朝下垂直，手腕用力向下压，手臂内旋，向前、向左划弧横刺。（图5-61）

（4）承上势。上右步，身体重心前移，成右弓步；右手持刺，随身体前移向前横刺出。（图5-62）

（5）上动不停。左脚向前上步成高桩式；左手随即持刺向前伸，刺尖朝前，同时右手持刺自然收回腹前。（图5-63）

图5-61　　　　　　　　图5-62

图5-63

【动作要求】手腕灵活，动作清晰，刺往下压、划弧、横刺是三个细节动作的微妙配合，即是被抓手腕的时候下压刺其手腕，摆脱后划刺，用刺尖划对方的颈、面部。横刺是后退时防对方攻击，再来个回身刺。

（十四）左穿刺

（1）上动不停。身体往后稍移动；左手持刺，掌心向上、向内旋转一周，刺尖向前，掌心向下。（图5-64）

（2）左手持刺，立起手腕，使刺尖上下垂直，手腕用力向下压，手臂内旋，向前、向右划弧横刺；同时上右步，身体重心前移，成右弓步；右手持刺，随身体自然前移刺出。（图5-65）

图5-64

图5-65

【动作要求】上步、手腕旋转刺要顺力、借势。对方若抓我手臂，我刺尖上下垂直往下刺，同时划刺要快。

（十五）双刺洗面

（1）身体直立，身体向前移，左脚蹬地向前方跨步，成左高跟步；同时右刺、左刺随身体移动向前平伸出，掌心向上；目视前方。（图5-66）

图5-66

（2）左脚往前上步，身体往前，头向上领，成左高跟步；同时右刺、左刺向左、向下、向右、向前旋转一周往前刺出；目视前方。（图5-67）

（3）上动不停。左右刺屈肘置于腹前；身体下沉，左脚不动；目视前方。（图5-68）

图5-67

图5-68

（十六）搂刺

（1）右脚蹬地置于左脚内侧，脚尖点地成右丁步；同时两刺置于膝前，掌心向内，刺尖下垂；目视右侧方，余光顾及四周。（图5-69）

（2）身体右转180°；左脚随右脚向后转上步，成左丁步，同时左右刺随体转划弧搂刺；目视前方。（图5-70）

图5-69　　　　　　　图5-70

（3）上动不停。右刺向内旋，往右、向下，左刺向内、向左、向下、向前旋转一周，双刺置于体前。（图5-71）

（4）上动不停。左右亮刺，左刺向内旋，向左、向下，右刺向内、向右、向上，两手刺同时旋转一周，手心向上，刺尖向前，置于体前方。（图5-72）

（5）身体向前移，左脚向前跨一大步，右脚跟离地，成左弓步；同时双刺用力向前刺出；目视两刺。（图5-73）

第五章　峨眉刺

图5-71　　　　　　图5-72

图5-73

【动作要求】双刺划弧力要顺达、自然。向前刺发力时用抖劲，力点集于刺尖上。力从脚跟发，达于腰，腰达于肩，肩达于肘，肘达于刺，意念领先。若歹徒抓我胸襟或双手臂时，我双手划弧绕其手臂，解脱对方拉扯，顺势上步用力刺其胸腹部。

（十七）倒插刺

（1）身体往后移，身体自然站立成陈势；左手前伸，刺尖向前，右手刺自然收于腹部；目视前方。（图5-74）

（2）身体稍右转，左脚向前跨一大步，成左弓步；左刺向前上方伸刺，右手持刺自然落于腹部；目视前方。（图5-75）

图5-74

图5-75

（3）身体重心向下移；左膝关节屈曲，右腿屈膝下落触地；同时屈左肘下沉，右刺手臂内旋后伸，稍下落；目视左刺。（图5-76）

图5-76

【动作要求】上步，伸臂、下沉动作要连贯，目标要准确。对方上步，用右拳向我面部击打，我左脚速往对方右腿外侧上步，同时刺向对方颈部，沉肘下压其颈部，重心下落，将对方摔倒，可进行下一个动作。

（十八）右探刺

（1）身体向上起，右转90°；左脚内旋，右脚回收，腿伸直，脚尖勾起；同时左刺置于胸部前侧，右刺屈肘置于面部前上方，刺尖向前对敌；目视右刺。（图5-77）

（2）身体以丹田为轴，整体向左旋转；同时右手持刺随身体内旋一周，刺尖向前；目视前方。（图5-78）

图5-77

图5-78

图5-79

（3）身体前移；右脚向前跨步，成右弓跟步；右手刺用力向前伸抖刺出；目视前方。（图5-79）

【动作要求】上步抖刺动作一致，要快迅有力，力点集于刺尖上。当对方抓我肩，我转体同时屈肘关节，用前臂击打其手臂。对方转到我体前时，我用刺弹其面部。

（十九）左探刺

（1）身体向前移，右转90°；左脚向前上步，腿伸直，脚尖勾起；左臂屈肘，左刺置于面部前，刺尖指向前，右手置于左上臂处；目视左手刺。（图5-80）

图5-80

（2）身体以中丹田为轴，整体内动向右螺旋式旋转；同时左手持刺随身体内旋一周，刺尖向前；目视前方。（图5-81）

（3）身体前移；左脚向前跨步，成左高跟步；左手刺用力向前伸抖划刺出；目视前方。（图5-82）

图5-81

图5-82

（二十）飘让步

（1）头向上顶，身体向上自然起，两脚站立成陈势；左刺向前伸，右刺置于裆部；目视左刺。（图5-83）

图5-83

（2）右脚向右侧方向上步，身体重心向右前方下移，左脚跟离地，成右弓步；左刺自然下落，刺尖向前伸出，右刺置于腹前；目视左刺。（图5-84）

（3）身体向左后方移；左脚向左后方跨步，右脚跟离地，成左弓步；右刺置于左臂内侧，左刺向右前方伸出，刺尖指向前；目视前方。（图5-85）

图5-84　　　　　　　　图5-85

【动作要求】上下协调，动作连贯。身体左右移动后飘，如同十字步法的飘逸，闪避对方正面进攻，同时快速后让步可出刺防敌攻击。防守反击时戳对方面部的薄弱部位。

（二十一）套让步

（1）头向上领，上拔躯体，身体后移，稍右转；左脚蹬地，经右脚内侧向后撤步，两腿交叉，成套步；左手掌向下沉，掌心向下，刺尖向前，右手刺置于腹部，刺尖向前；目观前方。
（图5-86）

【动作要求】套步时，上手稍撑，下手稍沉，身体要整体运动、步法轻松自然。根据对方攻击的距离，套让一步或几步均可，两手掌交叉进成一垂直线，防对方踢裆部和拳击头部。在换势中可突然反击对方。

（2）身体向上起，稍右转，右脚向后撤步，用左脚击右脚往后击步2~3米即可，腿挺直成站立势；左刺随身体后移动的同时往前刺出，右刺自然置于裆部；目视左刺。（图5-87）

图5-86

图5-87

【动作要求】往后让步身法要轻飘，呼吸自然。若对方攻击我时，我可用玉女按莲点刺敌方，后让的距离可根据敌方的情况来掌握。发刺要随全身之力集于刺尖。动作与呼吸的配合是，若防对方多用吸气，若攻击对方时多用呼气。呼气时要快、短促，上下肢协调，内外合一，动作一致。

（二十二）右弓步刺

身体向右转；右脚向前跨一步，左脚跟离地，成右弓步；右刺从体前随身体的转动往右前方刺，刺尖向前，左刺向左刺，刺稍高于肩；目视右刺。（图5-88）

图5-88

【动作要求】双刺前后刺动作一致，要快速有力，力点集于刺尖上。

图5-89

（二十三）左弓步刺

（1）身体向左转，身体重心往前移，右脚跟离地，左脚向左前方跨步，成左弓步；左刺往前方顶刺，右刺随身体往前移动往后刺；目视左刺。（图5-89）

【动作要求】左弓步刺亦称玉女洗面,有回马枪之势,转身要快。回身刺时用顶力。转体时,头部领先,看准被击目标,迅速刺出,力点在刺尖上。如对方连环猛烈向我攻击,混战时,我安然向左转体避开其进攻,配合玉女抽身等技法,右刺刺对方头部、颈部、胸部。此招太狠,不可轻用。

(2)身体重心向上,成白鹤亮翅,身体重心在右腿上,左脚跟离地,成高左虚步;左刺往前方平伸,手心向上,右刺随身体往上举45°,手心向斜上方;目视左刺。(图5-90)

图5-90

（二十四）收势

（1）身体重心向体后移，即左脚向后撤步，成高右虚步；左右掌置于胸前，掌背相对，刺尖向上；目视前方。（图5-91）

（2）身体后移；右脚向后撤步，左脚尖点地，成左高虚步；左右掌向体侧展开，掌心向上，与肩同高；目随左手移动再转平视。（图5-92）

图5-91　　　　　　图5-92

（3）身体稍后移；右脚后撤半步，左右脚距离与肩同宽；两手臂外旋，捧气贯顶，两手刺至头上方，手臂内旋，掌心向外，左右手宽于肩；目视斜上方。（图5-93）

（4）身体直立；左右掌随屈肘稍内旋，掌心向下，刺尖相前，经面部、胸部、腹部下按，手心向下；向下自然呼气；

目视前方。（图5-94）

（5）身体微向右移，左脚向右脚并拢；手臂下垂于体一侧，成立正势；目视前方。（图5-95）

图5-93

图5-94

图5-95

第六章　峨眉剑

峨眉剑古时亦称"玉女剑",是峨眉武术的精髓之一,风格独特,姿势优美。出神入化的峨眉剑具有较好的健身功能和艺术观赏价值。峨眉剑法中的"文姬挥笔、素女掸尘、西子洗面、越女追魂"等动作具有明显的女子特点。

峨眉剑的技法:虚实相间,以活为主,以法为本,以快为上,以巧取胜。峨眉剑很注意实战击刺的演练,要求做到"练时无形似有形,气要顺剑行;步要随腰动"。主张以巧取胜。击法讲究"上刺咽喉、中扎心,下刺脚面和会阴,起身剑挑帽,背后削下肢,绞缠藏杀手,冲刺不留情"。身法讲究:剑人一体,身随剑走,剑带身行,忽前忽后,变幻无穷。剑法要求:剑行如飞针,剑落似如刀,趋避须眼快,四两拨千斤。步法特别注重闪步,因为剑有两刃,两侧薄而锋利,所以不能用生格硬拦的方法,只有采用斜出走边门,寓攻于避,即避开敌方锋芒,走边门而进,出其不意地攻击对方。总之在步法上,不能拘泥于旧有的程式和框框,应审敌度势,随机应变。

第一节　峨眉剑剑谱歌诀

玉女素心妙入神，残虹一式定乾坤；
身若惊鸿莺穿柳，剑似追魂不离人；
非同凡技欲歌舞，应是奇传道数真；
临敌只需出半手，骁是越女也失魂。

第二节　峨眉剑的基本用法

（一）持剑姿势

持剑：身体直立，侧身对敌；两腿自然开立，右脚在前，左脚在后，成站立势；同时用右手握剑柄，剑尖向前方伸出，左手掌往后伸，与肩同高；目视剑尖。（图6-1）

【动作要求】头要上领，脚要下拔，右手持剑掌要前伸，左手自然下沉，使身体处于随时能向四方变化的状态，即"出剑一势站方圆，变化四方任周旋"。

图6-1

这是峨眉剑技击秘诀要领。侧身对敌是为了尽量减少可被敌攻击的面积,同时也减少了自身所要防护的范围。

剑往前伸是为了充分利用一臂一剑之长,设敌障碍于前,使敌难于进攻。敌不破我前手之剑,就无法接近我,敌若把第一时间用在破我前手之剑上,那么我就可以借此机会迅即向敌进攻或退却变化。

(二)基本用法

1. 点剑直刺

持剑时,身体重心稍向后沉,右脚尖勾起,左腿屈膝;同时右手持剑往下点,剑尖对准打击目标,目视右剑。随即身体向前移,探身,右脚随势向前跨一大步,成右弓步;同时剑向前刺出;目视剑尖。(图6-2~图6-4)

图6-2

第六章 峨眉剑

图6-3

图6-4

【动作要求】上步左直剑：剑出去后还往前顶，就是说在接触到对方的时候要有一股继续往前冲的剑力。刺剑的时候，剑尖继续保持剑的动作不要停，要有一种穿透力将剑刺出来，速度可以带动贯穿性。刺剑的时候不要剑尖到敌方就收回来，应继续把剑往前送出去。要求身体发剑时形整、意整、力整；完成动作后，身体往后移动，右脚击左脚往后滑步、后让，同时用剑顶对方，或用飘步往后走。

239

2. 右闪刺剑

身体向右突然闪开并向前方移，右脚向右前方跨步45°，左脚跟离地，成右闪步；同时右手持剑，随身体右闪剑向前方刺出；目视前方。（图6-5）

【动作要求】当对方右拳向我面部进攻时，我闪开并向其面部刺出，剑随右闪步向前刺出。

图6-5

3. 右闪点剑

身体直立，侧身对敌，身体向右突然闪开并向前方移；右脚向右前方跨步45°，左脚跟离地，成右闪步；同时右手持剑，随身体右闪剑往前下方点；目视前方。（图6-6）

【动作要求】当对方用匕首向我面部刺出时，我闪开并向其手腕点砍剑，随右闪步向前刺出。

图6-6

4. 左闪点剑

身体向左突然闪开并向前方移；右脚向左前方跨步90°，右脚跟离地，成左闪步；同时右手持剑，随身体左闪剑向前方刺出；目视前方。（图6-7）

【动作要求】当对方以右拳向我面部进攻时，我闪开并向其面部刺出，剑随左闪步向前刺出。

图6-7

5. 上步刺剑

身体直立，侧身对敌，两腿自然开立，右脚在前，左脚在后，成站立式；同时用右手握剑柄，剑尖向前方伸出，左手掌往后伸，与肩同高。身体重心往向移动，右脚向前迈一大步，右腿屈膝，成弓步；同时用右手持剑，剑尖对准打击目标剑往前刺；目视右剑。（图6-8）

图6-8

6. 左闪点剑

身体直立，侧身对敌，身体向左突然闪开，向左前方迈步移动；左脚向左前方跨步90°，右脚自然跟随左脚，成左闪步；同时右手持剑，随身体左闪剑往前下方点刺；目视前方。（图6-9）

图6-9

【动作要求】动作自然、协调，步法与点剑要上下一致。闪开对方的攻击用剑点其手臂，即可随左闪步向前上步直刺出。

7. 玉女抽身

（1）身体直立，侧身对敌，两腿自然开立，右脚在前，左脚在后，成站立式；同时用右手握剑柄，剑尖向前方伸出，左手掌往后伸，与肩同高；身体重心往前移动，右脚向前迈一大步，右腿屈膝，成弓步；同时用右手持剑往前刺，剑尖对准打击目标；目视右剑。（图6-10）

（2）头向上顶，身体向上自然起，右脚后移击碰左脚，身体重心后移；向后退步的同时，右手持剑从胸部往前伸，两脚站立成陈势；目视剑尖。（图6-11）

图6-10

图6-11

【动作要求】头要上领,脚要下拔,右手持剑,掌要前伸,呼吸自然,气沉丹田,使身体处于往后飘,可退3~4米之远,还原陈势,有利于随时能向四方变化,即"进退自如,攻守兼备"。若对方攻击距离合适,时机恰当,我可快速上步向对方再刺出。做到剑人一体,上下协调,动作连贯,闪避对方正面进攻,同时快速让步可出剑防敌攻击,实战中可用飘步、闪步、玉女抽身、观音转莲、玉女洗面等技法配合。

第三节 峨眉剑路线图

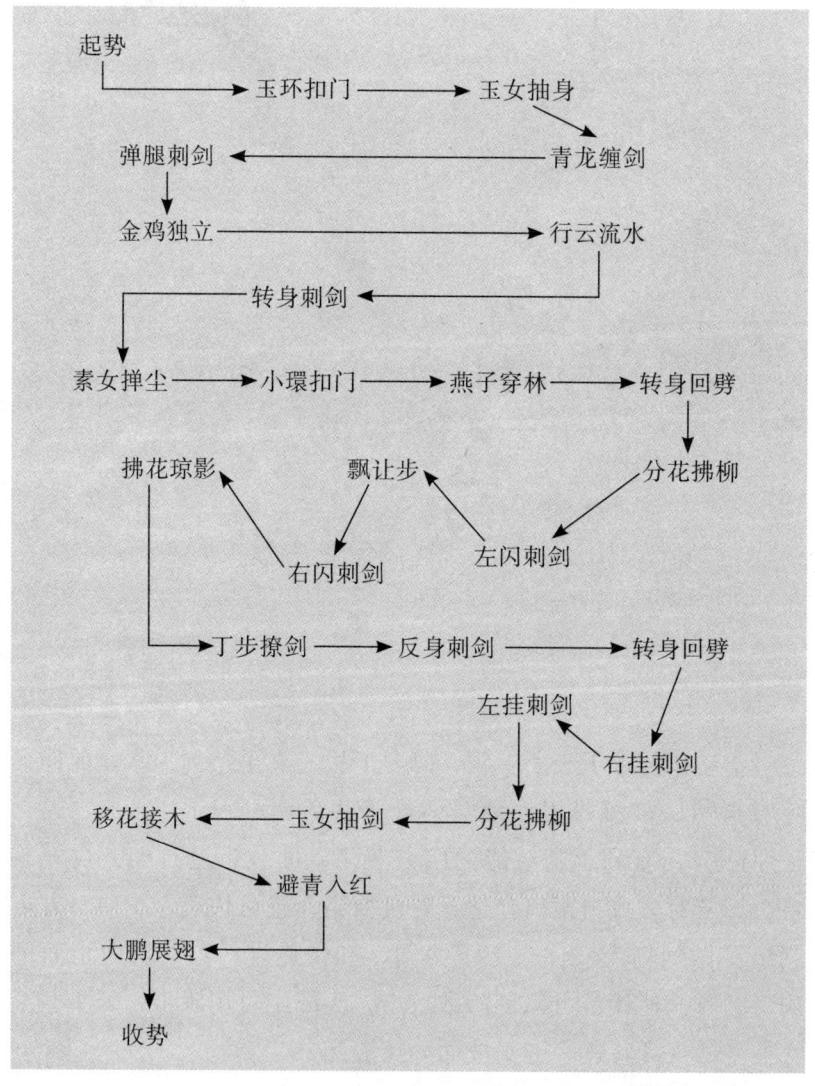

第四节　峨眉剑技术图解

（一）起势

（1）两腿并拢立正；两臂垂于身体两侧，左手持剑，掌贴在腿侧，全身放松，呼吸自然；目视正前方。（图6-12）

（2）左脚向左跨半步，两脚与肩同宽，自然呼吸；目视正前方。（图6-13）

（3）同时两手臂慢慢上举于胸部前方，左右展开；目视正前方。（图6-14）

图6-12

图6-13

图6-14

【动作要求】两肩要放松,动作要舒展大方。用鼻吸气,气贯百会。下按掌时呼气,呼到丹田,呼吸做到细、匀、慢、长、深。

(4)两手下落于腹前,同时两脚往后滑步,收腹,两手向前猛伸出。(图6-15、图6-16)

图6-15

图6-16

(5)身体右转90°,左脚向内扣,右脚跟为轴向外旋,脚尖勾起;同时左手向体侧往前伸出,左手持剑平伸;目视左手。(图6-17)

(6)身体重心下沉并向右移,右脚向前跨步,左脚跟离地,成右弓步;左手持剑置于右臂肩关节处,右手内旋绕弧向前横击,掌背向里;目视右手。(图6-18)

(7)身体左转180°;左脚向后撤步,右脚在前,左脚在后,成站立势;同时右手接剑,向左前方伸出,左手掌往后伸;目视剑尖。(图6-19、图6-20)

图6-17　　　　　　　　图6-18

图6-19　　　　　　　　图6-20

【动作要求】头要上领，脚要下拔，右手持剑掌要前伸，左手自然下沉，使身体处于随时能向四方变化的状态，即"出剑一势站方圆，变化四方任周旋"。这是峨眉剑技击秘诀要领。侧身对敌则是为了尽量减少可被敌攻击的面积,同时也减少了自身所要防护的范围。

剑往前伸是为了充分利用一臂一剑之长,设敌障碍于前,使敌难于进攻。敌不破我前手之剑,其就无法接近我,敌若把第一时间用在破我前手之剑上,那么我就可以借此机会迅即向敌进攻或退却变化。

(二)玉环扣门

(1)身体重心稍向后沉;右脚向前提起,左腿屈膝;同时用右手持剑往下点,剑尖对准打击目标,目视右剑。(图6-21)

(2)身体向前移,探身;右脚随势向前跨一大步,成右弓步;同时剑向前刺出;目视剑尖。(图6-22)

图6-21

图6-22

（三）玉女抽身

（1）右脚后移击碰左脚，身体重心后移；向后退步的同时，右手持剑从胸部往前伸；目视剑尖。（图6-23）

图6-23

（2）身体向前移，探身；右脚随势向前跨一大步，成右弓步；同时剑向前刺出；目视剑尖。（图6-24）

图6-24

【动作要求】头要上领，脚要下拔，右手持剑，掌要前伸。呼吸自然，气沉丹田，使身体处于往后飘，可退3~4米之远，还原陈势，有利于随时能向四方变化，即"进退自如，攻守兼备"。若距离对方2米左右，我可快速向对方刺出。

（四）青龙缠剑

（1）右脚往后撤步，左腿屈膝，身体重心后移下沉，两腿交叉成坐盘势；同时右手持剑内旋缠剑往后收，剑尖对准打击目标；目视剑尖。（图6-25）

（2）身体向上、向前、向右转动，重心在右腿上，左脚往前成虚丁步；同时右手持剑内旋收于胸前，剑尖往前，左手收于

剑柄；目视剑尖。（图6-26）

（3）身体向前、向左转动，重心在左腿上，右脚往前成虚丁步；同时右手持剑外旋收于胸前，剑尖往前，左手收于剑柄；目视剑尖。（图6-27）

（4）身体向前、向右转动，重心在右腿上，左脚往前成虚丁步；同时右手持剑内旋收于胸前，剑尖往前，左手收于剑柄；目视剑尖。（图6-28）

图6-25　　　　　　　　　图6-26

图6-27　　　　　　　　　图6-28

【动作要求】剑随步法的移动缠剑，身体重心保持平稳，剑随步法缠剑，目随剑走。动作柔和、自然、浑然一体。

（五）弹腿刺剑

（1）身体重心向上，同时抬左腿，用力向前方弹踢；剑持在腹部前；目视前方。（图6-29、图6-30）

图6-29

图6-30

（2）上动不停。左腿弹踢后收回，成独立势；右手持剑置于腹部；目视前方。（图6-31）

（3）承上势。身体向左突然闪开并向前方移；左脚向左前方跨步35°，成左弓步；同时，右手持剑向右前方刺出，左手臂往后伸；目视右前方。（图6-32）

图6-31　　　　　　图6-32

【动作要求】弹踢、刺剑要快速、勇猛，动作协调。

（六）金鸡独立

（1）重心向下，左腿弯曲，成右仆步；右手持剑收于腹部前方；目视后方。（图6-33）

图6-33

（2）身体重心向上，左腿提起；右手持剑，从腹部向前、向右、向上、向左方穿剑，置于头上方；目随手的移动，视左手剑指。（图6-34）

【动作要求】由仆步变金鸡独立时，身体重心向上移动，要上下协调、人剑一体自然。

图6-34

（七）行云流水

（1）身体往后转动，左脚落地，成高马步；同时右手持剑往后劈，左手置于右上臂内侧。（图6-35）

图6-35

（2）上势不停。身体向左转，右腿向前，脚尖点地，成右高虚步；右手持剑随身体右转的同时，把剑持于胸前，剑身水平，剑尖向前。（图6-36）

（3）承上势。身体往左转，成左弓步；同时剑随身体左转，往后劈；目视剑尖。（图6-37）

图6-36

图6-37

（4）上势不停。身体向右转，左腿向前，前掌脚落地，成高交叉步；右手持剑随身体左转的同时，把剑持于头上部，剑身水平，剑尖向前。（图6-38）

（5）承上势。身体往右转，成右高弓步；同时剑随身体右转，往后劈剑，左手自然在右手上臂处；目视剑尖。（图6-39）

图6-38

图6-39

（6）上势不停。身体向左转，身体往上，左腿向前，前掌脚落地，成高交叉步；右手持剑随身体左转的同时，把剑持于胸部前上方，剑身水平，剑尖向前。（图6-40）

图6-40

（7）承上势。身体往左转，成左弓步；同时剑随身体左转往后劈；目视剑尖。（图6-41）

（8）上势不停。身体向右转往上起，两腿自然上抬，成高交叉步；右手持剑随身体左转的同时，把剑持于头上部，剑身水平，剑尖向前。（图6-42）

图6-41

图6-42

【动作要求】身体重心上下、前后的移动，要上下协调，人剑一体，和谐自然，如行云流水，自如潇洒。

（八）转身刺剑

（1）上势不停。身体向左转，身体往上，左腿向前，前掌脚落地，右脚蹬地提膝抬起；右手持剑随身体左转的同时，持剑往下、往前持于胸部前上方，剑身水平，剑尖向前（图6-43、图6-44）

图6-43

图6-44

（2）承上势。成金鸡独立，身体重心往下，用右脚往后撤步，成左弓步；同时右手持剑，随身体后撤往前刺剑；目视剑尖。（图6-45、图6-46）

第六章 峨眉剑

图6-45　　　　　　　　　图6-46

【动作要求】转身刺剑，动作要快速，刺剑要猛。若身体素质较好的可转身腾空跳起，在空中刺剑，刺剑后快速以势待敌。

（九）素女掸尘

（1）身体往上抬起，左脚蹬地，成高弓步；同时右手持剑往上抬。（图6-47）

图6-47

259

（2）承上势。左脚往左迈步，成左闪步；右手持剑上下掸动；右脚往左前方跨步，左脚在后；右手持剑往上下掸动，左手自然向后伸开，与剑自然上下飘动；目视剑尖。（图6-48、图6-49）

图6-48

图6-49

（3）右脚往右撤步，左脚自然随右脚往右闪；右手持剑在躯体前往上下掸动。（图6-50）

（4）承上势。右脚往左前方跨步，左脚在后，成左闪步；右手持剑往上下掸动，左手自然向后伸开，与剑自然上下飘动；目视剑尖。（图6-51）

图6-50

图6-51

【动作要求】上下掸剑时,力点在手腕。上下动作要协调、自然。用内力,深吸气,细长呼气,内外合一。

(十)小環扣门

(1)身体重心稍向后沉;右脚突然勾脚尖上抬,左腿屈膝;同时用右手持剑往下点,剑尖对准打击目标;目视右剑。(图6-52)

(2)身体向前移,探身,右脚随势向前跨一大步,成右弓步;同时剑向前刺出;目视剑尖。(图6-53)

图6-52

图6-53

【动作要求】上步左直剑,剑出去后还前顶。就是说在接触到对方的时候要有一股继续往前冲的剑力。刺剑的时候,剑尖要继续保持刺的动作不停,要有一种穿透力,剑刺速度可以带动贯穿性。刺剑的时候不要剑尖到敌方就收回来要继续把剑往前送出去。要求身体发剑时形整、意整、力整。

(十一)燕子穿林

(1)身体重心往后下,左腿屈膝下蹲,右腿收置于左腿内侧,脚尖点地;同时右手持剑往上挑剑,左手收于右手臂处;目视前方。(图6-54)

(2)承上势。身体重心稍稍往上,左腿往上抬,右腿收置于左腿内侧,脚尖点地;同时右手持剑,手腕内旋翻手腕、手心向上,剑尖指向前方,左手收于右手处;目视前方。(图6-55)

图6-54

图6-55

（3）上动不停。身体往右转，右脚上步；右手持剑，随身体右转。（图6-56）

（4）上动不停。身体继续往右转，右脚蹬地腾空旋转360°上步，左脚落地，重心在左腿上，右脚在左脚内侧；右手持剑随身体右转；目视前方。（图6-57）

（5）身体向前移，探身；右脚随势向前跨一大步，成右弓步；同时剑向前刺出；目视剑尖。（图6-58）

图6-56　　　　　　　　图6-57

图6-58

【动作要求】转身时,用身体的惯性带动。腾空要高、要远,落地要稳,刺剑要快。

(十二)转身回劈

身体重心往上起,身体向左转;左脚往后撤步,成站立势;同时右手持剑,随身体的左转剑向上、向前回劈,左手随身体的转动由下向上、往后伸,高于肩;目视剑尖。(图6-59、图6-60)

图6-59

图6-60

【动作要求】动作协调、自然、舒展大方。

(十三) 分花拂柳

(1) 承上势。左脚往左迈步，右脚自然随步，成左闪步；右手持剑左右摸剑，左手自然在躯体前，人与剑自然左右飘动；目视剑尖。(图6-61)

(2) 右脚往左前方跨步，左脚在后，成左闪步；右手持剑左右摸剑，左手自然向后伸开，与剑自然左右飘动；目视剑尖。(图6-62)

图6-61

图6-62

（3）右脚往右撤步，左脚自然随右脚往右；右手持剑在躯体前往左右摸剑，右手持剑向上抬剑。（图6-63、图6-64）

（4）承上势。右脚往左前方跨步，左脚在后，成左闪步；右手持剑上下掸动，左手自然向后伸开，与剑自然上下飘动；目视剑尖。（图6-65）

图6-63

图6-64

图6-65

（5）右脚往右撤步，左脚自然随右脚往右，成右闪步；右手持剑上下掸动，左手自然向后伸开，与剑自然上下飘动；目视剑尖。（图6-66）

（6）身体突然向前移，探身；右脚随势向前跨一大步，成右弓步；同时剑向前刺出；目视剑尖。（图6-67、图6-68）

图6-66　　　　　　　　图6-67

图6-68

【动作要求】上下协调,动作连贯。身体左右移动飘逸,闪避对方的正面进攻,同时快速攻击敌方,防守反击戳对方胸部。

(十四)左闪刺剑

(1)身体向左前方移,右转45°;左脚向左前方跨步,右脚自然跟随,脚跟离地,成左跟步;右手持剑往前点剑,剑尖向前,左剑手臂自然后伸,掌心向下;目视前方。(图6-69)

图6-69

(2)身体向前移,探身;右脚随势向前跨一大步,成右弓步;同时剑向右前方刺出;目视剑尖。(图6-70、图6-71)

图6-70

图6-71

【**动作要求**】上步点剑，手腕内旋点剑，要巧、要活。上步刺剑要快、要猛。

（十五）飘让步

（1）头向上顶，身体向上自然起，右脚往后撤步；右手持剑向下，剑置于裆部；目视左剑。（图6-72）

（2）身体左转90°；左脚向后撤步或往后飘成陈势；同时右手持剑向下沉的同时向前方伸出，剑尖向前，左手臂自然弯曲后伸，左手稍高于肩；目视前方。（图6-73）

图6-72　　　　　　图6-73

【**动作要求**】上下协调，动作连贯。身体移动后飘，闪避对方正面进攻，同时快速后让步可出剑防敌攻击，防守反击戳对方面部。

（十六）右闪刺剑

（1）身体向右后方移动，右闪；右脚向右后方撤步，左脚自然跟随，脚跟着地，成高虚跟步；右手持剑往右前点剑，剑尖向前，左手臂自然置于胸前；目视前方。（图6-74）

（2）身体向前移，探身；右脚随势向前跨一大步，成右弓步；同时剑向右前方刺出；目视剑尖。（图6-75、图6-76）

图6-74　　　　　　　　图6-75

图6-76

【动作要求】上下协调，动作连贯。上步点剑，手腕内旋点剑，要巧、要活，上步刺剑要快、要猛。

（十七）拂花琼影

（1）头向上顶，身体向上自然起，右脚后移走击步，往后飘成陈势；右手持剑向下沉，同时向前方伸出，剑尖向前，左手臂自然弯曲后伸，左手稍高于肩；目视前方。（图6-77）

（2）身体向前移，探身；右脚随势向前跨一大步，成右弓步；同时剑向右前方刺出；目视剑尖。（图6-78）

图6-77

图6-78

（3）身体左转90°；左脚经右脚后向前上步成交叉步，重心在右腿上；同时右手持剑在胸部，左手置于右手处。（图6-79）

（4）上动不停。身体左转往后，右脚往后撤步，成左弓步；同时右手持剑向前刺出。（图6-80~图6-82）

图6-79　　　　　　　　图6-80

图6-81

图6-82

【动作要求】上步刺剑和套步、转身回刺剑，动作一致、协调、快速。

（十八）丁步撩剑

（1）右丁步撩剑：身体重心往左前方移动，右脚向前上步置于左脚内侧，成右丁步；同时右手持剑，手腕外旋，手心向外置于胸前，左手置于右手处，剑指向前方；目视前方。（图6-83）

（2）左丁步撩剑：身体重心往右前方移动，右脚向右前方上步，左脚置于右脚内侧，成左丁步；同时右手持剑，手腕内旋，手心向外，置于胸前，左手置于右手处，剑指向前方；目视前方。（图6-84）

（3）右丁步撩剑；身体重心往左前方移动，左脚向左前方上步，右脚置于左脚内侧，成右丁步；同时右手持剑，手腕外旋，手心向外置于胸前，左手随剑置于右手处，剑指向前方；目视前方。（图6-85）

图6-83

图6-84

图6-85

【动作要求】丁步撩剑上下动作要一致，协调自然，剑随人体行剑。

（十九）反身刺剑

身体重心向前；右脚向前上一大步，成右弓步，身体右转；同时右手持剑外旋，随身体的右转往后刺剑，左手向左上方伸出；目视前方。（图6-86）

图6-86

【动作要求】动作要一致，全身协调。回刺时左手随刺剑的动作前伸要动作协调。

（二十）转身口剑

（1）转身刺剑；身体重心向前；左脚向前上一大步，成左弓步，身体左转；同时右手持剑内旋，随身体的左转往前上

方刺剑，左手置于右手处；目视前方。（图6-87）

（2）身体重心向前上起；右脚向前上半步，成高姿势，身体右转；同时右手持剑内旋，随身体右转往回劈剑，左手向右置于左上方；目随劈剑方向。（图6-88）

图6-87

图6-88

【动作要求】刺剑与转身动作要一致发力，上下协调。

（二十一）右挂刺剑

（1）身体重心往前并向右转；左脚向前迈步，成左高弓步；同时右手持剑内旋，随身体右转收剑置于胸前，左手向右置于右上方；目随剑方向。（图6-89）

（2）上动不停。身体重心向前；右脚向前上一大步，成右弓步，身体右转；同时右手持剑内旋，随身体的右转往前方直刺剑，左手置于右手处；目视前方。（图6-90）

图6-89　　　　图6-90

【动作要求】转身时身体转，剑不动。用剑保护身体，剑人一体。上步刺剑时动作要快、要猛，力点在剑尖。

（二十二）左挂刺剑

（1）身体重心往前并向左转；左脚向前迈步，右脚向前上步，成右丁步；同时右手持剑外旋，随身体的左转收剑置于胸前，剑尖直指前方，左手置于右手处；目视前方。（图6-91）

（2）上动不停。身体重心往前；右脚向前迈出一大步，成右弓步；同时右手持剑往前直刺，左手向后自然伸出，稍高于肩；目随剑的方向。（图6-92）

图6-91

图6-92

【**动作要求**】身体转动与步法一致，剑不动。用剑保护身体，人随剑走，剑人一体。上步刺剑时动作要快、要猛，力点在剑尖。

（二十三）分花拂柳

（1）身体重心往上抬起，左脚蹬地，直立，侧身对敌，两腿自然开立，右脚在前，左脚在后，成站立势；同时用右手握剑，柄剑往上抬，剑尖向前方伸出，左手掌往后伸，与肩同高；目视剑尖。（图6-93）

图6-93

（2）承上势。右脚往右方撤步，左脚自然跟步，成右闪步；右手持剑往下压并掸动剑，剑尖对敌，左手自然向后伸开，与剑自然上下飘动；目视剑尖。（图6-94）

（3）右脚往右方向上步，左脚自然随右脚往右闪；右手持剑，在躯体前上掸下压掸动剑。（图6-95）

（4）承上势。头向上顶，身体向上自然起，两脚站立成陈势；左剑指向后上伸，右剑往前伸；目视左剑。（图6-96）

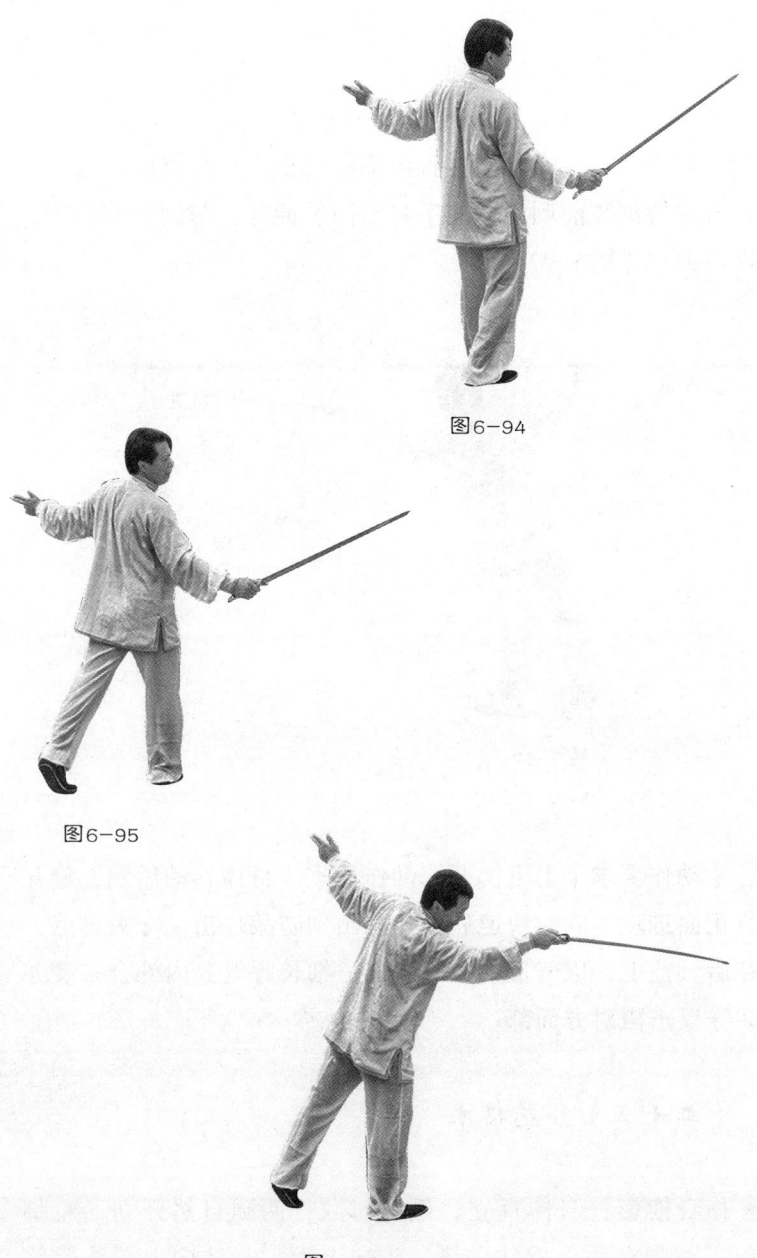

图6-94

图6-95

图6-96

（二十四）玉女抽剑

后飘步；用右脚击碰左脚内侧的后击步，身体向后退一大步；右手持剑往前刺剑，左手自然向后伸开，与剑自然一体；目视剑尖。（图6-97）

图6-97

【动作要求】上下协调，动作连贯。身体移动后飘，避开对方正面进攻，同时快速后让步并出剑防敌攻击。呼吸自然，气往后、往上，以气催力。深吸气，细长呼气，内外合一。亦可防守反击戳对方面部。

（二十五）移花接木

移身换影；身体直立，侧身对敌；两腿自然开立，左脚在前，右脚在后，成站立势，头向上顶，身体向上、往后并右转90°，用左脚往后击碰右脚，身体重心后移自然飘起；同时右手握剑柄，换左手握剑，剑尖向前方伸出，右手掌往后伸，与肩同高；躯体往左探，剑尖对准打击目标，目视左剑。（图6-98）

图6-98

【动作要求】头要上领，脚要下拔，右手持剑换左手持剑要协调。呼吸自然，气沉丹田，使身体处于往后飘，退的距离根据对方攻击的距离来掌握。剑人一体，上下协调，动作连贯，闪避对方正面进攻，同时快速让步，出其不意防敌攻击。

（二十六）避青入红

（1）身体向左前方移，右转45°；左脚向左前方跨步，右脚自然跟随，脚跟离地，成左闪跟步；左手持剑往左前方刺，剑尖向前，右手臂自然后伸，掌心向下；目视前方。（图6-99）

（2）身体向前移，探身；左脚抬起，随势向前跨一大步，成左弓步；同时剑向左前方刺出；目视剑尖。（图6-100、图6-101）

图6-99

图6-100

图6-101

【动作要求】闪剑、上步、刺剑动作协调自然，灵巧。上步刺剑要快、要猛。

（二十七）大鹏展翅

（1）左弓步不动，身体向左转；右手扶剑。（图6-102）

（2）上动不停。身体再向右转，左弓步变成右弓步；左手持剑内旋，剑身贴左手臂，右手自然向斜上方伸。（图6-103）

图6-102

图6-103

【动作要求】弓步之间的变换要自然、圆滑。髋部要灵活,旋转自如,走内八字,以腰部带动手臂和剑法。

(二十八)收势

(1)身体向体后移;左脚向后撤一步,右脚向后撤步,左脚向后撤半步,左右脚距离与肩同宽,成站立势;左右手臂自然向后、向前、向上与肩平展,左手持剑,手心向下,右手心向上;目视前方。(图6-104)

图6-104

（2）身体不动，两手臂内旋，捧气贯顶，至头上方，手臂内旋，掌心向内，左右两手间距宽于肩；目视正前方。（图6-105）

（3）身体直立；左右掌随屈肘稍内旋，掌心向下，剑尖相后，经面部、胸部、腹部下按，手心向下，手臂自然下垂；向下自然呼气，目视前方。（图6-106、图6-107）

（4）身体微向右移，左脚向右脚并拢；手臂下垂于体一侧，成立正势；目视前方。（图6-108）

图6-105

图6-106

图6-107

图6-108

第七章 峨眉养生长寿功

峨眉养生长寿功是我国古老的优秀养生功法，现代科学研究与证明，此功内外兼修、动静合一，即以"一念代万念"，通过意守锻炼——在不提高大脑皮质兴奋强度的情况下，以对单一目标的连续注意来减少、停止意识活动，这就是峨眉宗法自然功的中心内容和奥秘所在，是养生与防身融于一体的功法。在练习方法上，顺乎自然地以气引力，以力带气。要求姿势正确，动作可单练一势或连贯修炼，修炼者根据自己的体质、时间来安排运动量和强度。练习方法上要求从初步意守，到不意守，自然而然功成于体。姿势中要求头直、颈正、目平、身端、气平、心静，虚灵挺拔，胸虚腹实，身体舒适，达心底纯净、行为自然符合规范。

第一节　峨眉养生长寿功功谱

自然站立气导身，合手双拜左右开，
嫦娥戏蝶仙神通，青龙出水生气浪，
平湖秋月内外通，峨眉阵势四梢牵，
顺风摆柳势法全，玉女按莲浑圆气，
龙女拂袖内气盈，玉女掸尘病气消，

西子洗面柔合弹，木兰射雕劳宫对，
顺势按摩周身通，壮肾补阳擦后腰，
耳聪目明搓浴面，清气通身长寿功。

第二节　峨眉养生长寿功功法

一、起势

（一）动作要领

1. 自然站立

两脚分开与肩同宽，两膝微屈，两手自然下垂，微贴身旁两侧；含胸收腹，口齿微闭，意守人中穴，嘴角向两侧微翘，略带微笑（有笑意）；头部放松、垂帘、舌抵上腭；以鼻呼吸达到全身自然放松，调息宁神，意守丹田，气从丹田下降到涌泉穴，目视内敛。（图7-1）

如此静立2~3分钟，慢慢引导清气下沉丹田至涌泉穴。

图7-1

2. 捧气贯顶

承上势。双臂外旋，掌心向前，捧气上至头前上方，双掌经腭部、胸部至腹部；双目自然视于前方。（图7-2～图7-4）

图7-2

图7-3

图7-4

（二）功法特点与作用

起势即是自然高桩，身体自然放松、呼吸，是通周天基本功法之一。三要求：要求形、意、息三者合一，三者互相配合；要求是吐纳与意识相配合的周天功；要求吐纳轻重合适、长短匀称、急缓平衡。按照要求练功，不可求成心切，自然吸气，做到内三合，即心与意合、意与气合、气与劲合。要松静自然，全身肌肉放松，是肌肉处于"松而不懈，紧而不僵"的适度状态。静是大脑的入静。自然的精神状态放松、入静，自然而然。要动静相兼，意气合一，身心都处于自然状态。

双手上举至额前左右上方，同时稍吸气，两臂随手势下降，双手手指向下，同时用鼻呼气，以意识引气自百穴沿两颊边，过鹊桥，经舌根往下顺气，沿任脉通过丹田下达会阴，再经阴桥而达涌泉穴，重复3~8次。

这一动作往上伸展手臂，有利于肺部的呼吸，吸进更多的氧气，吸进更多的新鲜空气，对消除疲劳有一定的作用。捧气置顶，人体胸腔、腹腔、盆腔伴随深呼吸，对内脏各部有调理作用，以气来揉动内脏的运动作用，促进内脏的健康。托气举鼎，对腰背肌肉骨骼的锻炼，有促进身体的良好发育作用。

【动作要求】意念收功时，吸口清气，呼出浊气，全身气血畅通，如洗温水沐浴般愉快。若能每日坚持一遍，每次5~10分钟，必健康修体长寿矣。

二、混元功

(一) 动作要领

1. 自然站立；两臂提起抱圆，手心相对，自然呼吸。（图7-5）
2. 右势混元功。（图7-6~图7-9）
3. 左势混元功。（图7-10~图7-15）

图7-5

图7-6

图7-7

第七章　峨眉养生长寿功

图7-8

图7-9

图7-10

图7-11

图7-12

图7-13

图7-14

图7-15

混元功称养生自然高桩功，练习者重凝神定会，意动一致，要求头正圆平，视态自若，无声、求静、慎独修炼。以心为根，以息为无，以肾为劳，以势为练。以姿以息和以意活动调节自体潜能，达到整体健康的目的。

（二）功法特点与作用

双手相距稍宽于肩，上臂自然垂，前臂自然平伸90°，双手指自然微屈，掌心相对，自然散开，肩自然下沉。手臂向旁慢慢拉开，同时用腹式吸气法吸气吸腹，合双臂回至原位，同时用腹式呼鼓腹。吸气时舌舔上腭，呼气时舌舔下腭。做3~8次。

上步呼吸要求深长，达混元之力。何谓混元之力，就是把整个人体作为一丹田，一动无一不动，一静无一不静，内外合一，集一处发力是全身之力。通过扩胸伸臂、步法移动可以练习人体整力，增强胸肋部和肩臂肌肉力量，加强呼吸和血液循环，有助于身体的平衡。可调息补气，补充元气，加强内气的功能。

混元练气法，是贯穿着"炼精化气、炼气化神、炼神还虚"之法，其法是乾坤为丹田、扶阳抑阴、去粗取精、去伪存真、去邪扶正之法，要求凝神则气静，气静则精化，精化则气充，气充则神全。身体要调和舒适，端正自然，排除杂念，清净身心，诸根愉悦，健康上寿。

三、合手双拜

(一) 动作要领

双手合十,用掌根触腹部,手指指向正前方;目视内敛。(图7-16~图7-18)

图7-16

图7-17

图7-18

【动作要求】静立片刻，默念"我已入静"3遍。

（二）功法特点与作用

合手双拜，是属于站桩，用双手于胸前合拳，丹田呼吸，意守双掌，稍用意和力引气到手，动而有静，静而不动，可使全身骨骼肌产生短促迅速的缩张运动。这是"内功"，练的是内劲，全身的消耗小。这种方法要练成"天人合一"——让躯体与大自然融合，增强吸气，大量地摄取自然空气中的营养物质，可促进新陈代谢，通经络，调平衡，以保身体健康。

练习时，站势舒适得力，整体锻炼，以养为主，不受时间约束，与日常生活结合起来。两眼放松，不用力视，不要想事情，凝神定意，一切顺其自然、松静。练功有意呼吸，做到稳、深、细、长、缓，感觉不到自己的呼吸。

四、童子拜观音

（一）动作要领

1. 顺势按摩

身体自然站立，两脚距离与肩同宽；两掌相合，在腹前向右、向上、向左、向下绕。（图7-19~图7-22）
如此反复8次。

图7-19　　　　　　　　　图7-20

图7-21　　　　　　　　　图7-22

【动作要求】掌根、前臂稍用力摩擦胸、腹部，对胸、腹不舒服的部位可加大力量摩擦。呼吸自然深匀流畅。

2. 逆势按摩

承上势。两手掌根和前臂向左、向下、向右、向上轮转摩擦胸、腹部，如此反复8次。

【动作要求】顺势、逆势按摩之后，可用两掌掌根扣击胸、腹部数次，用力适当。

（二）功法特点与作用

童子拜观音是高桩养生动功，静中有动。用掌根顺时、逆时摩擦胸部，起到对胸腔内脏的揉动、锻炼，身心舒服。练此功时，要求松静自然，垂帘闭目，呼吸微微，动作缓慢轻柔，心平气和，随风飘荡。入静，若有若无地意随掌根移动，气息连贯、轻松愉快、活泼自然、无忧无虑、精神愉快，从而达到效果好、得气快、气满力足。给自己贯气时，胸腹内外上下协调，疏导气血，提高脏腑功能，治疗慢性三焦病，特别是对胸闷、慢性肠炎治疗效果好。

五、搓腹导气

（一）动作要领

（1）两掌上提于腹上，手指向下。（图7-23）

（2）承上势。两掌从上往下用力搓至腹下大腿内侧。（图7-24~图7-27）

图7-23

图7-24

图7-25

图7-26

图7-27

（二）功法特点与作用

往下导气，对消化系统功能的影响很明显，使肠胃排空加快，消除肠胃积气，保持大便畅通。消化肠道畅通，可预防肠胃病产生，有助于推迟衰老。坚持练养生功，增加唾液，随着唾液分泌增多，可使唾液内分泌素也得到调整，对人体是有利的。内分泌素通过影响，可对机体内的代谢、生长、发育和生殖等生理机能起到重要的调节作用。搓腹导气是内养松静，两掌抬到腹腔（胃、肠、肝、胰、脾、肾、泌尿及内生殖器官等）稍用力，从上到下8次。从内到外的放松。要求呼吸自然，大脑排除杂念入静，在呼吸时使全身肌肉内放松，随着两手下沉用力意想丹田或涌泉。面部自然，有利于内脏放松，促进健康。

六、导气舒展

（一）动作要领

（1）两掌从胸部往下经腹部外旋，随即上提到胸前，掌心向上。（图7-28）

（2）双掌上举，随即双臂弯曲，双掌置于胸部，往下搓胸腹部、大腿、小腿，至脚面、脚跟部。（图7-29~图7-35）

图7-28

图7-29

第七章　峨眉养生长寿功

图7-30

图7-31

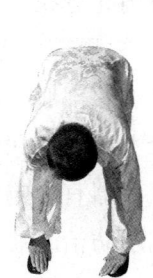
图7-32

图7-33

图7-34

图7-35

303

（二）功法特点

导气舒展可伸展腰背肌肉，两臂尽力往下伸展，两大腿后群肌肉充分拉开，对增强腰部、腹部和腿部有良好的作用。

腰部，是人体生理中轴，全身运动的关键部位，包括腰肌、腹部肌、腰椎骨骼、腰椎神经，还有内脏重要器官，如肾、肾上腺、输尿管、腹主动脉、下腔静脉等。腰部的运动对人体组织和器官影响较大。长期坚持腰肌的伸展，使肌肉得到锻炼，有助于防治腰肌劳损，并能使肾脏、肾上腺得到增强，从而增强全身机能。因为腰部的锻炼，是对肾的增强，所以能排泄人体在新陈代谢过程中所产生的无用或有害的终产物。同时还具有调节水、电解质、酸碱平衡的机能，这样对保持体内环境的相对恒定起着重要作用。肾上腺这一内分泌器官与全身各种代谢功能有密切的生理关系。

七、周身畅通

（一）动作要领

1. 上肢左侧

（1）承上势。两臂自然上提，掌心扶胸部，左掌向左侧斜上方伸出，掌心向上，右掌顺左胸部经左上臂、左前臂内侧至左手掌心；目视手掌。（图7-36~图7-38）

第七章　峨眉养生长寿功

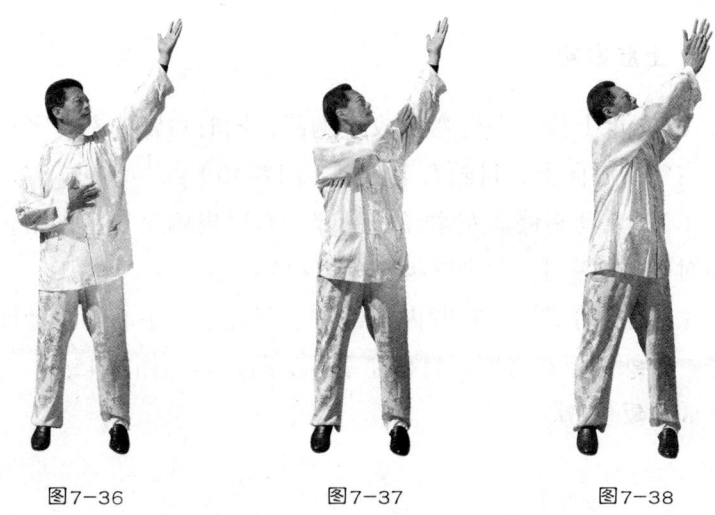

图7-36　　　　　图7-37　　　　　图7-38

【动作要求】右掌顺左掌手太阴肺经（中府—小商）、手厥阴心包经（天地—中冲）、手少阴心经自左胸部（食窦—四缝）十宣到左掌指十宣，左手中指用力点击右手劳宫穴做旋转翻掌，左手臂贴右手掌心。

（2）承上势。右掌顺左手掌臂，经前臂外侧，上臂外侧后肩部、肩上部，颈部左侧至左胸部；目随右手移动。（图7-39）

【动作要求】动作柔和缓慢，左手臂内旋前伸，经手少阳三焦经（关中—新识）、手太阳小肠经（小泽—肩中俞）、手阳明大肠经（商阳—巨骨）。呼吸自然流畅。

图7-39

305

2. 上肢右侧

（1）承上势。左臂弯曲收至胸部，同时右臂向右侧平伸展出，右掌掌心向上；目随右手转。（图7-40）

（2）上动不停。左掌经右胸部、右臂内侧至右掌掌指，掌心相对；目视右手。（图7-41—图7-43）

（3）上动不停。右臂内旋，右手背置于左手心下，随即左掌经右臂外侧至右肩部；目视左手。（图7-44、图7-45）

如此反复8次。

图7-40

图7-41

图7-42

图7-43　　　　　图7-44　　　　　图7-45

3. 下肢右侧

（1）承上势。右臂自然下落，左臂自然抬举，屈肘与肩同高，左掌经左胸部、左腹部、右大腿内侧、右小腿内侧至右脚跟，同时躯体向前俯身；目视左掌。（图7-46~图7-49）

图7-46　　　　　　　　图7-47

图7-48

图7-49

（2）上动不停。身体向右转，右掌自然垂于体侧，左掌经右脚面、右脚跟、右小腿后部、右大腿后部、右腰部至左胸部；目视右手。（图7-50、图7-51）

图7-50

图7-51

【动作要求】右手掌稍用力顺胸部、腹部、腿部下摩上按。右手所到每一部位，均可用五指抓肌肉。经络下行路线：少阴肾经（期明—公孙）、足太阴脾经（周荣—隐白）、足脾阴肝经（期门—大敦）。上行路线：足太阳膀胱经（至阴—魂门）、足少阳胆经（足窍阴—环跳）、足阳明胃经（历兑—脾关）。手所到部位，用气慢慢发射至经络线上。两腿伸直，最好不要弯曲膝关节，若手扶不到踝关节处，可用发气至腰未到之处。

4. 下肢左侧

（1）承上势。左臂自然下落于体侧，右臂自然提起，与肩同高，手掌心置于胸部，随即经右胸部、右腰腹部、左大腿内侧、左小腿内侧至左脚跟；目视左手。（图7-52~图7-54）

（2）上动不停。身体向左转；同时右掌经左脚背到脚跟顺左小腿后部、左大腿后部、左腰腹部、胸部，躯体上起；目随手动。（图7-55、图7-56）

图7-52

图7-53

图7-54

图7-55

图7-56

（二）动作特点与作用

周身畅通这一养生动作是全身伸展，拉开躯体各个器官，系统受到揉动、托展、肌肉拉开。武术谚语说："内外合一，开合相兼。"人体十二经络运行一周，可以起到全身运动，整个身体得到锻炼的作用。

八、壮筋固肾

（一）动作要领

（1）承上势。两臂自然往上提起，左右手臂对称，手心向上提气于胸部，两掌经胸部、腹部至大腿内侧，气往下沉于丹

田；目视内敛。（图7-57~图7-59）

（2）上动不停。身体前俯，屈体弯腰；两掌顺大腿内侧、小腿内侧至脚踝内侧；目视两手。（图7-60、图7-61）

图7-57　　　　　图7-58　　　　　图7-59

图7-60　　　　　　　图7-61

（3）上动不停。身体往上起直立；同时两掌从内踝经脚背绕至于脚跟，往上经小腿后侧、大腿后侧，两掌到腰后部时，手臂内旋，变拳至肾俞、胃俞、脾俞、肝俞穴，上下摩擦8次；目视前方。（图7-62~图7-67）

图7-62　　　　　图7-63

图7-64　　　　　图7-65

图7-66　　　　　　　图7-67

（二）功法特点与作用

用双拳上下揉动背后。肾得到揉动，是对其起到按摩作用，让肾得到锻炼。肾是"先天之本""藏精之脏"，还是维持人体生命和生长发育的基本物质，由此可见其重要性。

上下揉动，使腰部肌肉得到锻炼放松，可以固肾，壮阳，增强精、气、神，提高功夫。养生功以健体为目的，以武术为手段。要达到强身自卫的目的，养生是基础。养生功通过意念导气调身和调息方法，主静，通过呼吸与肢体的运动相互配合，达到锻炼体质、防治疾病的目的。武术是通过技术的表现，运用一定的方法来防卫。所以说养生功与武术在运动方式上有所区别，亦有联系，比如说"以气催力"就是气和力的高级结合。壮筋固肾功可以增强体质，幸福生活，延年益寿。

九、掌擦大椎

（一）动作要领

（1）承上势。左掌置于后颈部大椎处，右手托左肘关节，上下托举。（图7-68~图7-70）

如此反复8次。

图7-68

图7-69

图7-70

【动作要求】下手用力，托上手肘关节，手掌摩擦大椎。下落肘关节时，用肘下沉自然之力，对治颈椎炎疗效特好。

（2）承上势。右掌置于后颈部大椎处，左手托右肘关节，上下托举。（图7-71~图7-74）

如此反复8次。

图7-71

图7-72

图7-73

图7-74

（二）功法特点与作用

颈椎是人体重要部位，担当支撑头部的重要任务，人体中枢神经是通过颈部向躯体四肢分支。国内外有许多运动员在训练比赛中不慎挫伤颈部，高颈髓挫伤后可引起昏迷或造成终身残疾。颈部脊髓与人体手的精巧活动有关，高颈髓与延髓相连，在内部结构和生理机能上亦与底位延髓难以截然分开。经常摩擦揉按大椎，可以预防颈椎病的发生，清除颈部后面的肌肉疲劳过度，减轻颈椎的压力，防止颈椎骨的椎盘突出，治疗颈椎慢性劳损。颈椎病所引起的血压升高、腹胀、便秘、心跳过速、吞咽不畅，实质上是颈椎病变使相应的神经受到刺激引起的。摩擦揉按颈部后面16次，让颈部的皮肤有发热的感觉，达到放松和舒适，消除颈椎病。

十、搓手浴面

（一）动作要领

（1）承上势。两拳变掌，从腋下向前提于胸部，两掌心相合，互相搓摩，手掌贴于面部，轻轻左右上下搓；目视前方。（图7-75）

图7-75

（2）接上势。两手五指自然散开，置于面部、轻轻顺逆转动，上下左右浴面；目视内敛。（图7-76~图7-81）

图7-76　　　　　　图7-77　　　　　　图7-78

图7-79　　　　　　图7-80　　　　　　图7-81

（二）功法特点与作用

搓手，因为手掌穴位多，可以养生、健身。"心灵手巧"就是手上的功夫好。

浴面、揉耳，"耳聪目明"。面部是五官，即眼、耳、鼻、口、舌部。面部血管丰富，神经多，敏感性强，练习对血液的流畅有较好的作用，长期练习可达五官端正，与人为善，起到养生、健身的作用。

练法：搓手发热，手掌贴于面部，然后两手鱼际穴处抚在两眼眶上数秒，轻微搓揉8次，两眼慢慢睁开。两手掌搓揉上下额8次，顺势用两手搓揉两耳8次，再用两手拇指与食指捏耳垂揉动下拉8次。若用劳宫穴对两眼发气，用手掌左右划圈8次，同时眼球随之划圈转动，意气相随，两手劳宫距离眼睛慢慢拉开6~8厘米，直对眼睛发气，约38秒。反复3~5次，达到人体之气可修于内，可修于外，可收可回，自我治疗，动静相兼，调节眼周肌肉神经经络穴位，加上配合呼吸，动静结合，远近交替，运用气感达到提神明目、头脑清楚之效果。坚持练习，眼明心亮，精神焕发。练习中注意要心定，调心、调气，身松，一呼一吸，急缓平衡、自然。

十一、梳发明目

（一）动作要领

接上势。两掌掌指从发际前额往头后梳发至后颈部。（图7-82~图7-85）

如此反复8次。

图7-82

图7-83

图7-84

图7-85

【动作要求】往后梳发到颈后部的两手捏上、中、下耳轮时,口轻轻张开,配合两手掌的动作,可使耳聪目明。

(二) 功法特点

梳发是对头上部的一种按摩揉动,可使头部皮下的血液流畅,大脑得到营养。用十指从前额至头顶、颅顶、后脑、后颈部的梳发,是对头部的一个全面的按摩,对保护大脑具有重要的作用。大脑每天产生的想法,都是大脑通过网状神经系统而传达的指令,大脑是人体的司令部,指挥人的行动。脑细胞是由必须的脂肪酸、磷脂以及氨基酸组成的,这些物质都是大脑必须的营养。通过练习,血液补充大脑,可以达到智力、记忆力、集中力和情绪平衡的最佳状态。若大脑补充不足,就会产生失眠、记忆衰退、情绪失调等各种各样的精神方面问题。

梳发属于健脑益智功。大脑是人体最重要的器官,它有着重要的功能,产生意识、创造力、想象力、记忆力、思考判断、抑制、感觉等。梳发功可以让大脑产生智慧。一个健康的人,总是有一个两边都发达的大脑。把健脑功与营养、恰当的心理调节相结合,还能达到治疗心理方面问题或有效缓解心理压力。

十二、收势

（一）动作要领

承上势。两掌自然下垂于体侧，随即上举至头部两侧，再经面部、胸部、腹部分别垂于身体两侧，自然站立，气通周身，意到涌泉；目光内敛。（图7-86~图7-91）

图7-86

图7-87

图7-88

图7-89　　　　　图7-90　　　　　图7-91

（二）动作要求

收势属于自然回功，亦叫自然放松功，有温暖沐浴之快感。双手托天，捧气贯顶，采天地精华之气，用嘴、鼻、毛孔来摄取外气，并借助内气，使体内真气运行。气的运行，有其独特的规律和路线，并有序地充养，增强人体的抵抗力，进一步提高功力。要求在练习时用意不用力，松静自然，慢慢收功，达到养精、气、神三全。有助于大脑入静和全身放松；有舒筋活血、疏通经络、消肿滞瘀的治疗作用。

附：

晋升武衔制度

一、晋升制度的意义

中华武术历史悠久，从历史的发展来看，是在不断进步和完善之中，过去主要是以家庭的传递方式延续下来的，今天，科学技术发展很快，显然传统的方式已经不适合时代的要求。我们需要以辩证的思想为基础，研究中国武术的起源、流派及其发展逻辑。中国的武术最早起源于人类与大自然中猛兽的搏斗，起源于部落、种族、国与国之间的冲突和游戏等。其流派和发展，是自然地也是科学地分化的结果，是有机演进的结果，其间必有一定的规律性。

明清之际，中国武术的少林、武当、峨眉三大流派，它们的形成与发展有两个主要的特点，一是少林拳与佛教有关，武当拳与道教有关系，峨眉拳则佛道合一。二是当时少林拳、武当拳发展很快，这与它的地理位置、宗教活动、传授方式等有一定联系。峨眉拳百年来濒临失传，主要原因是由于此拳用于女子防身，不轻易传人，不言师，在民间秘传。20世纪70年代才公诸于世，在海外影响很大。要使峨眉拳更快地为更多人服务，应借鉴少林、武当的传授方式，大力推广峨眉拳的健身、修心功法，揭示出武术技击与养生双轨并进的易为人们接受的这种规律性，这对峨眉武术的进一步发展有着重大意义。

柔道、空手道、跆拳道、拳击、泰拳等广泛流传于世界各地，最大原因在于教授方式及晋升制度日臻完善。中国武术晋升段位制度从20世纪90年代在我国实行，是一种规范科学、组织有序的"古为今用，洋为中用"的传授方式，和世界接轨，走向经济市场，符合潮流。教育是培养人的一种社会活动，任何一种文化的承继和发展，都离不开教育，其文化特征是它千古不绝的根本原因。

二、晋升等级

武衔制共五段十三级，由武士二级、武卫三级、武校三级、武将三级、武上二级组成。每晋升一级需要两至三年。更高资格，根据贡献已不以时限作准，而是以对本会发展的功勋及资历确定。

（一）第一段武士

首重峨眉拳入门功夫技术的纯熟程度。

（二）第二段武卫

能够掌握格斗的基本技法，在实战中能够应用。

（三）第三段武校

除了需要苦练本门武技及功力外，更要对其他各门派的武术加以了解和研究，以求达到他山之石可以攻玉的境界。

（四）第四段武将

武将经过十数年的学习训练，完成全部拳术课程；对峨眉拳发展事业有一定的重大贡献，要至少教出两名不低于其两级弟子，方能考虑晋升为高级段位武将。

（五）第五段武上、武泰

注重"道"的修为。在此段中，按级递升的称号为武上、武泰。由于这是憧憬中的最高境界，故此，已非时日可以造就。且"法"之为物，玄虚之至；有人可以一朝顿悟，有人可能一世懵懂，故至此境界颇难定一标准，只是以此等名衔作为对本系中位高者一种尊称而已。

三、晋段标准

（一）武士

根据学员年龄和基础，须学练武术基本功、自由搏击、各种辅助功力锻炼，以及由本会编定之《峨眉入门功夫》等课程。通过考试，合格即可晋升此段。

（二）武卫

掌握擒拿十八法，熟习揉手操作、自由搏击及其他训练课程。通过考试，合格即可晋升此段。

（三）武校

熟练峨眉拳、峨眉拳刺、峨眉剑、峨眉桩、自由搏击等技术。曾独自或在更高级教练的班中任教至少超过三年，本人曾参加特别教练班，通过考试，合格即可晋升此段。

(四)武将

熟习全套峨眉桩法。练习者不但须学齐峨眉派中的拳、刺、剑、枪等技术,更要对法度及功力等苦加研磨,且对于别派武术亦要研究,找出各门派的独特风格,以达到知己知彼,百战百胜的地步。此外,在传播峨眉拳术的成绩上,亦须有一定成就,方可晋升为更高的资格。

(五)武上

"理想中"的境界之一。至此级者已经在武学上达到登堂入室的境界,对峨眉拳理中的各种问题,已能一一化解,甚至对一般武术的优劣,亦能了如指掌。臻此境界,峨眉拳已非一门技术,而是一种哲理。本会将此级视为"宗师"资格。是各级教练在峨眉拳术修为中的模范。晋升此级,除经本系宗师及各高级教练公开推选外,更要在武学上有一定成就或对本系拳术的发展有极辉煌的传播功绩。

(六)武泰

武学理论上勘称国学大师,练习者臻此境界,已然大智大慧,任何武术对他来说已无神秘可言。可以说是达到了武与哲学、武与医学、武与艺术、武与社会、武与自然天地合一,公认对峨眉拳贡献最大。